Aidan Chambers
Nur bei Vollmond

W0105202

Dieser Band ist auf 100 % Recyclingpapier gedruckt.
Bei der Herstellung des Papiers wurde keine Chlorbleiche
verwendet.

Der Herausgeber:

Aidan Chambers wurde 1934 in Durham geboren und lebt heute
in Gloucestershire. Seit 1970 ist Chambers, der ursprünglich als
Lehrer arbeitete, neben seiner Tätigkeit als Verleger und Gastpro-
fessor an der Universität von Bristol, auch journalistisch tätig. In
Deutschland wurde er vor allem durch seinen Roman ›Tanz auf
meinem Grab‹ bekannt. Weitere Titel von Aidan Chambers in
deutscher Sprache: ›Wer stoppt Melanie Prosser?‹, ›Die unglaub-
liche Geschichte des Nik Fromme‹ und ›Taggespenster, Nachtgespenster‹ (dtv junior 70270).

Aidan Chambers

Nur bei Vollmond
... und weitere Spukgeschichten

Aus dem Englischen von Ulla Neckenauer
Mit Illustrationen von Frantisek Chochola

Deutscher
Taschenbuch
Verlag

Von Aidan Chambers ist außerdem bei dtv junior lieferbar:
Taggespenster, Nachtgespenster, Band 70270

Ungekürzte Ausgabe
Januar 1993
Deutscher Taschenbuch Verlag GmbH & Co. KG, München
© 1989 Arena Verlag GmbH, Würzburg
ISBN 3-401-04280-7
Umschlaggestaltung: Celestino Piatti
Umschlagbild: Karin Lechler
Gesetzt aus der Aldus 10/12˙
Papier: ›Recycling Book-Paper‹
Steinbeis Temming Papier GmbH, Glückstadt
Gesamtherstellung: Ebner Ulm
Printed in Germany · ISBN 3-423-70308-3

Inhalt

VIVIEN ALCOCK
Nur bei Vollmond

Sein Name war John Dafte, oder, wie in der Namensliste der Schule stand, Dafte John.* Keiner machte Witze darüber. Er war ein großer, haariger Kerl mit mächtigen Schultern und langen Armen und einer Stimme, die sich anhörte wie eine große Trommel. Er war Juniorenmeister im Boxen und Kapitän der Kricket- und der Football-Mannschaft – es gab keinen Sport, bei dem er sich nicht hervortat. Wir nannten ihn respektvoll Prinz Kong.

Ich bewunderte ihn maßlos. Er war ein lächelnder, gutmütiger Held mit einem ausgeprägten Gerechtigkeitssinn. Er brauchte bloß nach draußen auf den Schulhof zu schlendern, und schon verkrochen sich die Rabauken wieder in ihren Löchern.

---

* engl. daft = blöd, doof, bekloppt

»Knöpf dir einen vor, der genauso groß ist wie du«, sagte er. (Wodurch er selbst bestimmt keine große Auswahl hatte: In der Schule gab es keinen, der auch nur annähernd so groß war wie er. Neben ihm wirkten sogar die Lehrer wie Zwerge.) Für mich war er ein wahrhaftiger Prinz. Es machte mir keine Angst, daß er aussah wie ein Gorilla. Ich *mag* Gorillas.

Als er am Montagmorgen nach der Hälfte des Schuljahres zum Unterricht kam, hatte er zwei blaugeschlagene Augen und eine geschwollene Nase, auf der dunkle Grinde prangten wie Käfer.

Wir umringten ihn mitfühlend.

»He, Prinz, hast du eine dunkle Brille auf?«

»Du bist wohl mit 'ner Planierraupe zusammengestoßen?«

»Hat dich deine Mum verdroschen?«

Ich war nicht so überrascht wie die anderen, daß er anscheinend bei einer Schlägerei den kürzeren gezogen hatte. Ich bin gut in Mathe und kann mir ausrechnen, daß es nichts nutzt, so stark zu sein wie zehn, wenn man zufällig mit elf aneinandergerät. Es sah Prinz Kong ganz ähnlich, dachte ich mir, sich in eine Schlägerei zu stürzen, um irgendwen vor einem Haufen knallharter Kerle zu retten, ohne sich erst mal Zeit zu nehmen, sie nachzuzählen. Was mich verwirrte, war die Tatsache, daß er log.

Ich hätte erwartet, er würde lächeln und sagen: »Diesmal ging's daneben.« Oder irgendwas in dieser Art.

Statt dessen drängte er uns mit gesenktem Kopf und ausweichendem Blick grob beiseite und murmelte wütend: »Bin gegen 'ne Tür gerannt.«

»Die arme Tür, sie hatte keine Chance«, sagte ich und wünschte mir, ich hätte es nicht getan, als er mir einen zornigen Blick zuwarf. »Entschuldige, Prinz«, sagte ich hastig und machte einen Schritt rückwärts. Ich bin dünn und, wie Glas, sehr zerbrechlich.

Wir sahen zu, wie er ins Schulgebäude hinkte, und folgten verblüfft und ein bißchen bestürzt in sicherer Entfernung.

Wir waren in verschiedenen Klassen, daher sah ich ihn erst nach der Schule wieder. Ich wartete gerade auf einen meiner Freunde, als Prinz Kong die Stufen herunterkam, mich entdeckte, zögerte und mich mit seinen blaugeschlagenen Augen anstarrte. Zum ersten Mal machte er mich nervös, und ich lächelte beklommen. Er kam herübergehinkt, blieb stehen und sah auf mich herunter. Weit auf mich herunter.

»Du bist schlau, hab' ich recht?« fragte er.

Ich dachte, er redete von meiner blöden Bemerkung über die Tür, und sagte hastig: »Tut mir leid, Prinz. Ich wollte nicht . . . ich hab' bloß Spaß gemacht.«

»Wovon redest du?« fragte er verdutzt; dann tat er die Frage mit einem Schulterzucken ab und fuhr fort: »Du bist doch immer der Beste. Hast Köpfchen. Kannst dir Sachen ausklamüsern – Probleme, meine ich.«

Ich wackelte mit den Schultern und antwortete bescheiden, wie es sich gehörte: »Oh, ich weiß nicht. Vermutlich hab' ich bloß Glück.«

»Nein. Du bist schlau«, wiederholte er. Er *wollte*, daß ich schlau war, das wurde mir plötzlich klar. Seine Augen schauten mich zwischen den geschwollenen, verfärbten Lidern hindurch flehentlich an. Wäre es nicht Prinz Kong, sondern irgendein anderer gewesen, so hätte ich geglaubt, daß er Angst hatte.

»Tja . . .« sagte ich – angeben gehört sich nicht, aber ich wollte ihn auch nicht enttäuschen –, »irgendwie schon, nehme ich an.«

Ich fand, er sah erleichtert aus, aber er sagte nichts. Die Stille wurde peinlich.

»Gibt es . . .? Kann ich . . .? Ich meine, wenn es was gibt, was ich tun kann, brauchst du es nur zu sagen«, murmelte ich. Mir war ungehaglich zumute unter seinem eigenartigen, trübsinnigen Starren. »Geht es um Mathe? Latein? Aber *so gut* bin ich auch wieder nicht . . .« Ich wurde immer leiser und brach schließlich ab.

»Läufst du allein heim?« fragte er.

»Ja«, log ich. Ich konnte Mark auf der Treppe sehen, der uns aus respektvoller Entfernung beobachtete. Er würde verstehen, das wußte ich. Es war eine Ehre, von Prinz Kong begleitet zu werden. Jeder hätte die Gelegenheit augenblicklich beim Schopf gepackt.

»Kann ich dann mit dir laufen?« sagte er. »Bloß hab' ich ein Problem, verstehst du?«

»Ja«, sagte ich bereitwillig. »Klar.« Ich verstand natürlich nicht. Ich konnte mir nicht vorstellen, um was für ein Problem es sich handeln sollte. Nicht um Mathe oder Latein. Um seine schulischen Leistungen machte sich Prinz Kong nie Sorgen. Da er sich seiner gewaltigen Körperkraft bewußt war, gab er sich damit zufrieden, im Klassendurchschnitt ganz unten zu liegen. Wie ein U-Boot auf Tauchstation.

»Wenn du's einem verrätst, zieh' ich dir die Haut ab«, sagte er.

»Tu ich nicht!«

»Würd' ich dir auch nicht raten.«

Ich wohne nicht weit genug von der Schule entfernt. Zehn Minuten später standen wir bei mir daheim vor dem Haus, und er hatte mir immer noch nicht erzählt, worum es ging. Ich glaube nicht, daß er mir mißtraute. Ich glaube wirklich, daß er einfach die Worte nicht herausbrachte. Immer wieder drehte er sich zu mir und klappte den Mund auf und zu wie ein Riesenfisch, ohne daß etwas anderes herausgekommen wäre als Luft und ein leichter Zwiebelduft.

»Also, was für ein Problem hast du denn nun?« fragte ich schließlich.

Aber meine direkte Art, die Sache anzugehen, schien ihn zu beunruhigen.

»Weiß nicht«, murmelte er.

Wir standen in der Nachmittagssonne und sahen uns verzweifelt an.

»Komm doch mit rein und trink eine Cola!« schlug ich vor.

Er zögerte. »Ich hab' keine Lust, irgendwem zu begegnen«, sagte er. »Nicht so.« Er deutete auf sein zerschundenes Gesicht.

Meine Mutter und mein Vater waren beide bei der Arbeit, beruhigte ich ihn. Die kamen erst nach sechs wieder heim. Ich nahm ihn mit hinein, verfrachtete ihn auf einen Stuhl in unserer Küche und goß ihm ein großes Glas Cola ein. Dann setzte ich mich gegenüber und wartete.

Er rutschte unruhig hin und her. »Es ist . . .« begann er mit diesem merkwürdigen, verängstigten Ausdruck in den Augen. »Es ist . . .« Er brach ab. Ich konnte fast die Hebel in seinem Gehirn quietschen hören, als er auf einen anderen Text umschaltete. »Es geht um Mathe«, schloß er und sah mich grimmig an. Komm bloß nicht auf die Idee, mich einen Lügner zu nennen, hieß sein Blick. »Ich kapier' das nicht.«

Er knallte ein Buch auf den Tisch und öffnete es aufs Geratewohl. »Der ganze Kram da«, sagte er und wedelte mit großer Hand, »ist mir schleierhaft.«

Ich war enttäuscht. Ich wußte, daß ihm Mathe im Grund piepegal war. Aber keiner, der im Kopf richtig war, würde Prinz Kong widersprechen, also nahm ich das Buch und begann, ihm alles zu erklären. Seine Augen wurden glasig. Seine Kinnlade klappte herunter, und er seufzte. Ich hatte nicht den Eindruck, daß er zuhörte. Ich beugte meinen Kopf über das Buch . . .

Plötzlich hörte ich seinen Stuhl über die Bodenfliesen

scharren. Ich schaute hoch und sah, daß er aufgestanden war. Er sah anders aus. Etwas Verbissenes, Entschlossenes lag in seinem Gesicht. Vor meinen Augen lief er durch die Küche. Schnell. Entschieden. Mit der Miene dessen, der weiß, wohin er geht. Lief mit offenen Augen, krach-bumm, gegen die Wand! Seine lädierte Nase traf mit einem satten Platsch auf dem getünchten Verputz auf und hinterließ einen Blutschmierer, der aussah wie Marmelade.

»Prinz!« rief ich entgeistert.

Er hielt die Hände vor sein blutendes Gesicht und taumelte zurück. Ich führte ihn zu seinem Stuhl. Gab ihm ein sauberes, mit kaltem Wasser getränktes Geschirrtuch. Er preßte es gegen die Nase. Darüber hinweg sahen mich unglücklich und voller Angst seine Augen an.

»Soll ich den Arzt anrufen?« fragte ich.

Er schüttelte den Kopf.

»Liegt es an deinen Augen?« Ich dachte, vielleicht litte er an so was wie einer periodisch auftretenden Blindheit. Aber er schüttelte wieder den Kopf.

»Was dann? Was ist los?«

Er nahm das Geschirrtuch vom Gesicht. Es war fleckig von seinem Blut. Seine Nase war dunkelrot, und ich konnte sie fast vor meinen Augen anschwellen sehen.

»Prinz, was ist los?« fragte ich wieder.

»Du wirst lachen.«

»Werde ich nicht!« protestierte ich. Ich war überrascht, daß er mich für so herzlos hielt.

Jetzt gelang es ihm endlich, die Worte herauszukriegen.

»Ich glaube, ich hab' ein Gespenst verschluckt.«

Ich starrte ihn an.

»*Was?*«

»Ein Gespenst«, wiederholte er unerschütterlich.

»G.E.S.P.E.N.S.T. Eine übernatürliche Erscheinung. Einen Geist.«

»Oh!«

Er sah mich argwöhnisch an. Unterdrücktes, krampfartiges Gelächter schüttelte mich. Ich konnte nicht anders. Zum Teil waren es die Nerven, glaube ich. Ich machte fest den Mund zu und versuchte, eine ausschließlich verständnisvoll-fragende Miene aufzusetzen.

»Das Ganze wär' nicht passiert«, sagte er düster, »wenn ich meinen Mund zugelassen hätte.«

Er erzählte, er habe die Ferien bei seiner Tante und seinem Onkel in Bell Green verbracht. Eines Abends, nach dem Nachtessen, hatten sie sich über Gespenster unterhalten.

»Du weißt, wie es ist«, sagte er. »Jeder kennt jemanden, der schon mal eines gesehen hat.« Seine Tante hatte erzählt, in Bell Green gäbe es eines. Sie selbst hatte es nicht gesehen, aber viele andere. Bei Vollmond kam es weiß wie Nebel aus dem Fluß und trieb nachts heulend über die Felder . . .

»Sheila, das ist meine Cousine, lachte und sagte, sie würde wetten, daß das alles ist. Nebel und Wind und Mondlicht. Aber meine Tante war anderer Meinung. Erstens würd' es immer an der gleichen Stelle auftauchen, sagte sie. Bei der Brücke in der Nähe von der alten Sägemühle. Dort hat sich vor Jahren mal ein Mann ertränkt . . . ›Vermutlich ist er reingefallen, weil er betrunken war‹, nahm ich meine Tante auf den Arm. Sie wurde ziemlich sauer. ›Warum geht ihr euch nicht selbst überzeugen?‹ sagte mein Onkel und zwinkerte mir zu. ›Es ist eine schöne Nacht für einen Spaziergang.‹«

Also hatten sie sich auf den Weg gemacht, Prinz Kong und seine Cousine Sheila, und waren im Mondlicht am Flußufer entlanggeschlendert.

»Wir haben uns nicht groß um das alte Gespenst gekümmert«, sagte Prinz mit einem verschlagenen Grinsen, »aber dann sind wir zu dieser Brücke gekommen, und da, an einer Flußbiegung, lag gegenüber die alte Mühle. ›Hier muß es sein‹, sagte Sheila, und wir lehnten uns an die Brüstung und sahen hinunter. Zuerst war nichts zu erkennen. Nur so Splitter vom Mond im Wasser, und Binsen, steif und schwarz wie Zaunpfähle. Dann sahen wir's. Ein bißchen Nebel, so dünn wie eine Schnur, stieg aus dem Wasser auf. Wie ein weißer Wurm, zappelnd und sich windend. Höher und höher kam es, bis es auf der Höhe von unseren Gesichtern war, einen knappen halben Meter von uns entfernt. Dann blähte es sich irgendwie auf zu einem Gesicht. Zu einem Männergesicht. Ich hab's mit meinen eigenen Augen gesehen! Nicht klar – eher so, wie wenn man grad 'nen rechten Haken unters Kinn gekriegt hat, und alles ist eine Spur verschwommen. Sheila packte meinen Arm, und ich . . . na ja, ich hab' irgendwie ein bißchen heftig nach Luft geschnappt . . . und es *verschluckt!* Lachst du?« erkundigte er sich wütend.

»Nein«, sagte ich rasch, »erzähl weiter.«

»Weißt du, es hatte sich wieder verdünnt und war durch meinen Hals runtergerutscht wie Spaghetti. Ich konnt's bis ganz nach unten fühlen. Kalt. Wie Eis. Es war scheußlich.«

»Was hast du gemacht?«

»Tja, ich hab' versucht, es rauszuhusten, aber es kam nicht. Sobald ich wieder bei meiner Tante war, bin ich ins Bad gegangen, hab' mir den Finger in den Hals gesteckt und hab' mein ganzes Abendessen ins Klo gekotzt. Glatte Verschwendung. Hat nichts genutzt. Aber 'nen Schrecken hat's ihm eingejagt«, sagte er mit grimmiger Genugtuung. »Ich konnt's in mir herumflitzen fühlen wie 'nen Eiswürfel auf der Flucht. Es knallte mir gegen die Rippen, ließ mir das Herz gefrieren . . . Jetzt ist es da oben«, sagte er und klopfte sich gegen den Kopf. Der Anflug eines Lächelns huschte über sein Gesicht. »In meinem Oberstübchen ist viel Platz. Es ist nicht so mit Gehirn angefüllt wie deins.«

»Tut es weh?« fragte ich neugierig.

»Weh eigentlich nicht. Bloß kalt ist es. Entsetzlich kalt.« Er legte seine riesige rote Hand auf den Kopf, als wolle er ihn wärmen. »Es macht mein Gehirn ganz gefühllos. Das würde mich ja nicht so arg stören, wenn der blöde Kerl nicht der Meinung wär', er könnt' immer noch durch Wände und geschlossene Türen gehn. Sieh dir meine Fresse an!« sagte er und deutete auf die verschiedenen blauen Flecken in seinem Gesicht. »Das war unser Küchenbord. Das unsere Haustür, und das da 'ne Backsteinmauer. Und meine Nase hat er fünfmal erwischt. Sechsmal, wenn man deine Wand mitzählt. Gestern hat er mich in einen Bus von der Linie 210 rennen lassen. Glücklicherweise hab' ich's überlebt. Ich hab' keine Ahnung, was ich tun soll. Jedesmal, wenn ich Mattscheibe krieg', macht er was Beklopptes. Ich bin total am Ende.«

Mir war nicht mehr nach Lachen zumute. Da saß er, hatte den großen Kopf gesenkt, und seine starken Hände lagen hilflos auf dem Tisch.

»Du darfst nicht zulassen, daß du Mattscheibe kriegst, Prinz«, sagte ich. »Du mußt unentwegt was denken . . .«

»Unentwegt?« wiederholte er und sah mich verwundert an.

»Ja.«

Er schüttelte den Kopf. »Das schaff' ich nicht, Mike«, sagte er entschieden. »Nicht unentwegt. Ich hab' keine Übung, verstehst du? Ich bin eher dran gewöhnt, mit meinen Händen und Füßen zu denken. 'nen schlauen Körper hab' ich, sagt mein Dad. Schließlich«, fügte er wie zur Verteidigung hinzu, »können wir nicht alle unser Hirn an derselben Stelle haben. Es gibt keinen Grund dafür, daß es im Kopf sitzen muß, oder?«

»Na ja«, sagte ich. »Dort ist es üblicher.«

»Wie auch immer, was ist, wenn ich einschlafe? Ich kann

doch nicht ewig wach bleiben. Siehst du, jetzt bist du auch überfragt.«

Das mußte ich zugeben. Wir saßen regungslos da und versuchten nachzudenken. Von mir wurde ja eigentlich erwartet, daß ich schlau war, aber ich muß zugeben, daß sich in meinem Kopf rein gar nichts tat. Es war Prinz Kong, dem als erstem etwas einfiel.

»Schlag mich«, sagte er plötzlich.

»Schlagen soll ich dich?«

»Ja. Da.« Er reckte sein steinhartes Kinn vor. »Möglicherweise schleudert es das raus, verstehst du?«

Ich zögerte.

»Na los. Schlag mich.«

Ich ballte die Faust. Sie sah so klein und zerbrechlich aus wie eine Glasperle. Wir begutachteten sie beide skeptisch. Prinz schüttelte den Kopf.

»Meine Güte, hast du Händchen! Ich glaub', die Wand hier hat mich härter getroffen, als du es jemals fertigbrächtest. Wirklich ein Jammer. Ich will nicht, daß du dir ganz umsonst die Knöchel kaputtschlägst.«

»Tut mir leid.«

»Kannst ja nichts dafür«, sagte er freundlich.

Wir saßen wieder schweigend da und zermarterten uns die Köpfe.

»Warum ist dieser Mann ins Wasser gegangen?« fragte ich.

»Keinen Schimmer. Hat meine Tante nicht gesagt. Ist ja auch egal, oder?«

»Ich dachte, es könnte nützlich sein, wenn wir was über ihn wüßten.«

Prinz wurde munterer. »Ja. Ob er gut in Form ist oder nicht. Ob er Links- oder Rechtshänder ist . . .« Jetzt wurde sein Gesicht wieder mutlos. »Aber ich weiß nicht, wie das bei 'nem Gespenst hilfreich sein soll.«

»War es jede Nacht unterwegs?«

»Nein. Nur bei Vollmond, sagte meine Tante.«

»Ich frage mich, wo es die übrige Zeit steckte.«

»Keine Ahnung. Im Fluß, nehme ich an.«

Der Fluß . . .

»Bell Green ist in Herfordshire, hab' ich recht?« fragte ich.

»Ja.«

»Nördlich von hier?«

»Ja.«

Ich deutete auf den Blutschmierer an der Wand. »Das ist Norden«, sagte ich.

Er machte ein verdutztes Gesicht. »Worauf willst du raus?«

»Vielleicht versucht es, zum Fluß zurückzukommen. vielleicht will es einfach heim. Hör zu, wir gehen hin – es ist nicht weit, oder? Du könntest über dem Wasser den Mund aufmachen und es rauslassen. Einen Versuch ist es wert.«

Er sah mich bewundernd an. »Sagte ich doch, daß du schlau bist, Mike.«

Ich strahlte. Ich hielt mich wirklich für schlau. In Wirklichkeit glaubte ich nämlich gar nicht an das Gespenst. An Gespenster zu glauben, hatte ich mit sechs aufgegeben. Ich dachte, er bilde sich das alles nur ein. Vielleicht hatte man ihn beim letzten Kampf zu hart auf den Kopf gehauen, und er war immer noch ein bißchen beduselt. Das, und das Mondlicht und der Nebel. Ich mußte ihn lediglich davon überzeugen, dachte ich mir, daß ich den Geist aus seinem Mund kommen und ins Wasser plumpsen sah . . . ich mußte ihn dazu bringen, daß er die Augen zumachte . . . ich mußte einen Stein ins Wasser fallen lassen, damit es platschte . . .

»Vertrau mir, Prinz«, sagte ich selbstgefällig. Schwachkopf, der ich war.

Es war erst halb sechs. Ich hinterließ einen Zettel für meine Mutter, auf dem stand, ich ginge zu einem Freund zum Abendessen und käme erst relativ spät. Wir fuhren mit der U-Bahn nach Barnet, und dort nahmen wir einen Bus nach Bell Green.

Es dämmerte, als wir an der Brücke ankamen, und der Fluß sah kalt und schmutzig aus. Hohe Brennesseln wuchsen am Ufer.

»Sollen wir ganz zum Wasser runtergehen?« fragte Prinz.

Ich warf den Brennesseln einen Blick zu.

»Nein. Von hier aus geht es ebensogut. Kannst du es immer noch spüren?«

Er nickte und klopfte sich gegen den Kopf. »Da«, sagte er. »Beug dich über die Brücke und mach die Augen zu«, wies ich ihn an.

»Die Augen soll ich zumachen? Warum?«

»Äh . . . damit es dir leichter fällt, an gar nichts zu denken«, improvisierte ich. »Du hast gesagt, daß das Gespenst dann aktiv wird.«

Gehorsam beugte sich Prinz mit hängendem Kopf, offenem Mund und geschlossenen Augen über die Brüstung. Ich bückte mich und hob einen kleinen Stein auf. Aber bevor ich ihn ins Wasser werfen konnte, stöhnte er plötzlich und richtete sich auf.

»Was ist los?« fragte ich.

»O mein Gott, o mein Gott!« rief er mit einer entsetzlich gequälten Stimme und drehte mir das Gesicht zu. Ich wich zurück und starrte. Sein Gesicht bewegte sich; es zuckte und ruckte, als fände unter der Haut ein Kampf statt.

»Prinz!« schrie ich in panischer Angst. »Prinz!«

»O mein Gott!« sagte er wieder. Seine Stimme klang ganz anders, war mir völlig fremd.

»John!« rief ich, und zum ersten Mal benutzte ich seinen richtigen Namen. »John Dafte! *Komm zurück!*«

Einen Augenblick lang war mir, als sähe ich den Jungen, den ich kannte, aus den verschwollenen Augen blicken. Dann veränderte sich sein Gesicht erneut.

»Gott steh mir bei«, stöhnte das Gespenst. Es tappte an mir vorüber, verließ die Brücke, stolperte durch die Brennnesseln hinunter und warf sich ins Wasser.

Ich rannte hinterher, glitt an der steilen Böschung aus, verbrannte mir die Hände. Es warf sich im Wasser hin und her und schlug wild mit den Fäusten um sich, als kämpfe es gegen sich selbst.

»Prinz! Prinz, du kannst schwimmen! Du bist der Beste im Schwimmen, weißt du noch?« schrie ich. Ich zog die Schuhe aus und riß mir Anorak und Hose vom Leib. »Schwimm, Prinz! Schwimm zum Ufer!«

Ich weiß nicht, ob er mich hörte. Er hob die Arme über den Kopf und verschwand.

Ich sprang. Das Wasser war so kalt. Und dunkel. Ich konnte ihn nicht sehen. Ich schwamm verzweifelt vor und zurück und tastete mit den Händen herum. Einmal dachte ich, ich hätte seine Haare erwischt, und zerrte, aber es waren nur Wasserpflanzen.

»Bitte, lieber Gott, mach, daß ich ihn finde!« betete ich.

Plötzlich tauchte seine mächtige Gestalt vor mir auf; das Gesicht war fahl im Dämmerlicht, die wilden Augen starrten. Ich schwamm zu ihm hin, aber er schlug wild mit dem Arm und stieß mich in einem Gebrodel von Luftblasen beiseite.

Dann war er wieder weg.

Ich tauchte in den größer werdenden Kreis der Kräusel-wellen und breitete unter Wasser meine Arme aus. Meine Hand bekam Stoff zu fassen, einen Arm . . . Ich zerrte. Diesmal setzte er sich nicht zur Wehr. Er konnte nicht. Ich schleppte ihn zum Ufer ab und schob seinen schweren Körper auf einen Fleck aus Schlamm und Binsen. Ans Ufer heben konnte ich ihn nicht.

Er atmete nicht.

Ich drehte seinen Kopf zu Seite, zog seine glitschige Zunge vor und versuchte verzweifelt, mir ins Gedächtnis zurückzurufen, was ich über Mund-zu-Mund-Beatmung wußte. Dann legte ich meinen Mund auf seinen und atmete, so fest ich nur konnte. Seine Lippen schmeckten nach Schlamm und fauligem Wasser und waren furchtbar kalt. Ich atmete ein und aus, füllte seine mächtige Lunge, ein und aus, ein und aus. Ich heulte; meine Tränen fielen auf sein nasses Gesicht.

Ein und aus, ein und aus.

Er ist tot, dachte ich, ich habe ihn umgebracht.

Dann hob sich plötzlich seine Brust. Er atmete ein, leerte meine Lunge, bis ich mich fühlte, als hätte ich ein Vakuum in mir. Dann atmete er wieder aus – Luft und Wasser, so kalt wie Eis. Jetzt hustete er und würgte und erbrach schwallweise Flußwasser auf den Schlamm und die Binsen, während ich ihm lachend und weinend und glücklicher als jemals zuvor auf den Rücken schlug.

Eine Stunde später saßen wir in geborgten Schlafanzügen und in Decken gewickelt vor dem Gasofen seiner Tante in Bell Green. Zwei kräftige Bauern, die in einem Lieferwagen vorbeigefahren waren, hatten meine Schreie gehört und waren uns zu Hilfe gekommen.

»Deine Mum und dein Dad kommen gleich, Mike«, sagte seine Tante zu mir. Sie legte mir die Hand an die Stirn und machte ein sorgenvolles Gesicht. »Du zitterst, dabei fühlst du dich heiß an. Hoffentlich hast du dich nicht erkältet. Komisch, es ist doch unser Johnny, der fast ertrunken wäre, aber der hat sich schon wieder erholt. Du dagegen . . .«

»Mir geht es gut«, sagte ich.

»Ich richte dir ein Bett«, entschied sie. »Ich glaube nicht, daß du in der Lage bist, heute abend heimzufahren. Mir gefällt absolut nicht, wie du aussiehst.« Sie lächelte und drückte einen Kuß auf meinen Kopf. »Du hast unserem Johnny das Leben gerettet«, sagte sie. »Wir müssen gut auf dich aufpassen.«

Als sie das Zimmer verlassen hatte, musterte mich Prinz Kong besorgt.

»Geht's dir schlecht?« fragte er.

»Nein.«

»Soll ich die Flamme höher drehen?«

»Nein, mir ist heiß.«

»Du zitterst.«

»Ich weiß.«

»Du hast dir doch nichts geholt, oder?«

»Doch!« rief ich unglücklich. »Dein verdammtes Gespenst hab' ich mir geholt.«

Er schwieg ein Weilchen. Dann sagte er langsam: »Du hast Mund-zu-Mund-Beatmung gemacht, was?«

Ich nickte.

»Und dabei . . .«

»Als du ausgeatmet hast«, sagte ich, »war mein Mund offen.«

Er runzelte die Stirn. »Wo ist es?« fragte er grimmig.

Ich legte die Hand auf den Kopf. »Da.«

»Wie ein Eiswürfel?«

»Ja.«

»Irgendwie so, als würd' es dir den Kopf gefühllos machen?«

»Ja.« Meine Stimme bebte. »Jetzt werde ich nie im Leben meine mittlere Reife schaffen«, sagte ich kläglich.

Prinz war wieder still. Dann erhob er sich.

»Steh auf, Mike!« sagte er mit soviel Autorität, daß ich

mich augenblicklich erhob, während ich ihn verwundert ansah.

»Tut mir leid, Kumpel«, sagte er. Ich sah sie kommen, die riesige Faust, die auf mich zuschoß. Mein Kopf explodierte.

Alles wurde rot. Grün. Schwarz.

Tja, jetzt bin ich ein Held und liege mit gebrochenem Kiefer im Krankenhaus. Alle machen ein Mordsgetue um mich. Heute nachmittag kam mich Prinz Kong besuchen; mit einem Stoß Comics unter dem Arm ging er auf Zehenspitzen über den gebohnerten Fußboden des Krankenzimmers.

Er setzte sich auf den Stuhl neben meinem Bett und sah mich besorgt an.

»Ist er weg?« fragte er.

Natürlich konnte ich nicht reden. Ich war eingeschnürt wie ein Weihnachtspäckchen. Also streckte ich meinen Daumen hoch.

Er strahlte. »Ein K. O.«, sagte er glücklich. Dann nahm er meine Hände, hob sie sehr sanft über meinen Kopf und legte sie dort zusammen.

»Was, um alles in der Welt tust du denn da?« fragte eine Krankenschwester, die gerade auftauchte.

Prinz faltete ebenfalls die Hände über dem Kopf und schwenkte sie dort.

»Wir sind die Weltmeister!« sagte er.

JAN MARK
Der Zeiger der Sonnenuhr

Der gutaussehende Daniel Maddison schlenderte durch die Halle der Pension *Golden Wheel* und stieß dabei zufällig auf einen Spiegel, der in der Nähe vom Empfangstisch hing.

»Dan liebt Spiegel«, hatte seine Schwester Clare einmal gesagt. »Er kann stundenlang hineingucken.« Er gestattete sich im Vorübergehen einen beiläufigen Blick, blieb dann aber stehen, als er hörte, daß sich seine Mutter im Salon mit Mrs. Glover, der Pensionsinhaberin, unterhielt. Offensichtlich sprachen sie über ihn.

»Ehrlich«, sagte Mrs. Maddison, »man würde nie auf die Idee kommen, daß er knapp sechzehn ist.«

Daniel und sein Spiegelbild nickten sich in stillschweigender Zustimmung zu. Man konnte sie beide ohne weiteres für achtzehn halten, was auch oft geschah.

»Manchmal führt er sich nämlich auf wie ein Fünfjähriger.« Daniel zog eine finstere Miene und ging näher zur Salontür, damit er Mrs. Glovers Antwort besser hören konnte. Mrs. Glover, geschult durch jahrelange diskrete Gastlichkeit, nahm sich immer in acht, was sie sagte; doch es war Mrs. Newcombe, ein weiterer Gast, die seiner Mutter antwortete. Mrs. Newcombe unterhielt sich in einer derartigen Lautstärke, daß man meinen konnte, in ihrem Hals sei ein Lautsprecher eingebaut.

»Ich hätte es niemals vorgeschlagen, wenn ich auf die Idee gekommen wäre, daß er etwas dagegen haben könnte«, brüllte Mrs. Newcombe vornehm.

»Einen einzigen Nachmittag von seinen ganzen Ferien soll er opfern, und jetzt schmollt er schon seit dem Frühstück«, sagte Mrs. Maddison. »Trotzdem wird er die arme Susie nicht ärgern, dafür werde ich sorgen.«

Daniels Nachmittag, für den er – aufgrund der Tatsache, daß er ohne weiteres für achtzehn durchging – unter anderem einen unanständigen Film im Kino in der Stadt eingeplant hatte, sollte zugunsten der trampeligen Susie Newcombe aus Leighton Buzzard geopfert werden, die gewisse stimmungsvolle Ruinen erkunden wollte: einen erbärmlichen Haufen Schotter auf einem nahen Hang, der nur durch die Anwesenheit einer vom Umweltministerium aufgestellten Tafel zur historischen Stätte erhoben wurde. Daniels Dienste als Begleiter und Führer waren voreilig und ohne sein Einverständnis von seiner Mutter angeboten worden, die gern mit seinen archäologischen Kenntnissen prahlte, ohne sie selbst zu teilen. Die Maddisons und die Newcombes waren am selben Tag im *Golden Wheel* eingetroffen, aber durch geschickte Programmplanung hatte es Daniel vermieden, Susie noch einmal über den Weg zu laufen, nachdem er sie am Abend ihrer Ankunft beim Essen kennengelernt hatte. Diese unglückselige erste Begegnung, bei der nach einem langen Reisetag keine der beiden Familien in Hochform gewesen war, hatte Susies Schicksal besiegelt, was Daniel betraf.

»Ich mag alte Gebäude wie dieses hier«, hatte Susie gesagt und auf die niedrige Decke und die dunklen Winkel des Speiseraums vom *Golden Wheel* gedeutet. »Ich finde es wirklich gruselig hier, du nicht? Du nicht?« Daniel schwieg und stürzte sich auf sein mit Streuseln überbackenes Rhabarberdessert. »Findest du es nicht gruselig?«

»Nicht besonders«, sagte Daniel. Er verabscheute Wörter wie gruselig, unheimlich, schauerlich; genauso wie abartig, wenn es falsch verwendet wurde. »Höchstens altersschwach«, sagte er entschieden.

»Aber spürst du nicht was Abartiges?« fuhr Susie unbeirrt fort. »Ich habe gleich beim Reinkommen was gespürt.«

»Darauf möchte ich wetten«, sagte Daniel, indem er unter dem Vorwand, sein Rhabarberdessert zu kauen, nur die Lippen bewegte.

»Es gibt einen Geist hier«, schaltete sich Clare ein. »Ich habe gefragt.«

»Ich weiß. Es ist wirklich abartig, daß man so was gleich spürt, findet ihr nicht?« sagte Susie. »Mrs. Glover erzählte, es handelt sich um ein Mädchen, das eines Tages hierher schlich, um sich mit seinem Geliebten zu treffen, und der tauchte niemals auf. Mrs. Glover sagte, es wartet immer noch.«

»Hat sie das Mädchen gesehen?«

»Keiner hat es gesehen«, hauchte Susie. Krümel flogen. »Offenbar spürt man es nur irgendwie; es wartet oder so.«

»*Abartig.*«

»Und man kann Rosen riechen. Es hatte Rosen in der Hand.«

»Hat Mrs. Glover jemals Rosen gerochen?«

»Ja. Manchmal riecht man sie sogar im Winter. Sie sagte,

sooft man Rosen riecht, weiß man, daß Maud in der Nähe ist – so heißt er, dieser Geist: Maud Ibbotson.«

»Zu dieser Jahreszeit muß man sich ganz schön anstrengen, *keine* Rosen zu riechen«, bemerkte Daniel, während er zum Fenster hinaussah in die Julisonne, die tief am Himmel stand und den Rosengarten, der gleich vor dem Fenster lag, in satte Farben tauchte.

»Wenn ich jemals Rosen rieche, falle ich in *Ohnmacht*«, beteuerte Susie und ließ die Haut aus dem Krug mit Vanillesoße wie ein biegsames Frisbee über ihre zweite Portion Rhabarberdessert flappen.

»Es ist wirklich unheimlich, findet ihr nicht?« sagte Clare.

»Ein Geist, den man nur riechen kann. Was ist mit dieser Maud passiert? Ist sie an gebrochenem Herzen gestorben oder so was?«

»O nein, ich habe Mrs. Glover gefragt. Sie sagte, es ist ein Unfall passiert. Sie ist gestürzt oder so, während sie wartete, und als man sie fand, war es zu spät, um noch was zu unternehmen, und sie starb.«

»Gestürzt? Aus dem Fenster?«

»Vermutlich. Bestimmt hat sie sich hinausgelehnt, um nach ihm Ausschau zu halten, meint ihr nicht? Mich würde ja interessieren, welches Fenster es war.« Susie musterte grüblerisch die Speisezimmerfenster ringsum und schnupperte.

»Ich möchte wetten, wenn wir es fänden, könnten wir was spüren«, sagte Clare.

Susie durchlief ein wohliger Schauder. »Kommt, wir versuchen es. Ich hab' noch nie einen Geist gesehen, aber *spüren* tu' ich häufig was.«

Am heutigen Nachmittag nun wollte Susie, begleitet von Daniel, die Ruinen erkunden, um mit der Vergangenheit Verbindung aufzunehmen. Daniels Mutter behauptete, es wäre Susie in seiner Begleitung nicht ganz so unheimlich zumute.

»Ich dachte, es sei der Zweck der Übung, daß ihr unheimlich zumute ist«, sagte Daniel, doch es war zwecklos. Jetzt streckte er den Kopf durch die Tür vom Salon und ließ ein scheußliches Lächeln über seine Züge huschen wie eine Neonreklame am Piccadilly Circus.

»Wo gehst du hin?« fragte Mrs. Maddison mit niederträchtigem Argwohn.

»Auf Susie warten«, sagte Daniel beleidigt. Dachte sie wirklich, daß er so blöd war, sich jetzt fortzuschleichen ins Kino?

»Ich warte im Rosengarten – sagst du ihr Bescheid, wenn sie runterkommt?«

Er log nicht. Er hatte wirklich vor, im Rosengarten auf Susie zu warten, aber soweit er wußte, war es weder Susie noch seiner Mutter klar, daß es im *Goldenen Wheel* zwei Rosengärten gab; den einen hinter dem Haus, vor den Fenstern des Speisezimmers, und dann noch den anderen. Daniel wollte im anderen warten.

Den zweiten Garten hatte er zufällig entdeckt, und zwar bei einem früheren Versuch, eine Begegnung mit der gruseligen Susie und ihren Schaudern zu vermeiden. Der offizielle Rosengarten war breit und weitläufig, mit sauber getrimmten Bäumen auf runden Beeten, ein oder zwei ausgeblichenen Statuen und kleinen, weißlackierten Stahltischchen und Stühlen, die hier und dort auf dem kurz geschnittenen Rasen standen. Es erinnerte ihn an ein Krematorium. An einer Seite verlief ein niedriger Steingarten, umgeben von Nadelbäumen, denen man schon im jugendlichen Alter die Spitzen gekappt hatte. Jetzt strafften sie energisch die Schultern und bildeten einen undurchdringlichen Windschutz.

»Sie sind beschnitten«, sagte Mrs. Newcombe, und mit der vampirartigen Fähigkeit ihrer Tochter, sich an einem harmlosen Wort festzusaugen und es auszubluten, wiederholte sie es in Abständen, da ihr der Klang gefiel. »Beschnitten.« Dieses Wort beschrieb ihre Stimme sehr genau, dachte Daniel. Er konnte hören, wie sie jetzt »schnitt«, als er sich vom Haus wegstahl, den Rasen vor den Speisezimmerfenstern überquerte und sich zwischen den Zypressenästen der Hecke hindurch in den anderen Rosengarten verdrückte.

Er vermutete, daß dieser Teil zum vorderen Garten gehört hatte, bevor die Nadelhölzer gepflanzt und der Steingarten angelegt worden waren, doch jetzt war er vollkommen unsichtbar hinter dem Windschutz. Beim ersten Mal hatte sich Daniel in dem Versuch, sich rasch zu verstecken, zwischen die Bäume gequetscht und hatte sich zu seiner Überraschung vor einer offenen Fläche wiedergefunden, anstatt wie erwartet zwischen den Zypressen und einer Mauer eingezwängt. Heute murmelte er: »Sesam öffne dich«, ging geradewegs hindurch und stand am oberen Ende des zweiten Rosengartens. Im Gegensatz zum öffentlichen Teil schien er lediglich dazu gedacht, Rosen darin wachsen zu lassen. Er war schmal. Schwere Wälle rosafarbener Blüten, die man kaum als bloße Blumen bezeichnen konnte, hingen rechts und links über Spaliere herab und überschatteten üppiges Gras, das geschnitten worden war, jedoch schon vor längerer Zeit. Gelbe Rosenranken rankten; cremefarbene Kletterpflanzen wucherten. Am anderen Ende stand eine rustikale Holzbank, so verwittert, daß sie die Farbe von altem Zinn hatte, und ganz in der Nähe der Stelle, wo er sich befand, war das einzige andere »Mobiliar«, eine Sonnenuhr. Daniel erwartete, eine Inschrift auf der Bronzeplatte zu finden, *Tempus fugit* vielleicht, und da war auch eine, aber nicht *Tempus fugit. Die Stunden rinnen durch den rauhsten Tag,* stand da in römischen Lettern rings um die römischen Ziffern. Daniel, der das Zitat erkannte, begriff es so, daß alles zu einem Ende kommen mußte, wenn man lange genug wartete. Der Zeiger der Sonnenuhr deutete auf seinen Rücken, während er durch den Garten zu der rustikalen Bank lief.

»Komm in den Garten, Maud«, sagte Daniel, dem der Rosenduft die geblähten Nasenlöcher verstopfte, und plötzlich hatte er den Verdacht, daß Miss Ibbotson hier, und nicht im Haus, ihr Rendezvous gehabt hatte. Er wartete auf den Schauder, der ihm eigentlich kalt übers Rückgrat hätte laufen müssen und den Susie mit Sicherheit gespürt hätte.

Wenn Susie da wäre, würde sich dann Maud Ibbotson zeigen, wie sie auf ihren treulosen Geliebten wartete, der nun, laut Clares Nachforschungen, hundertzwölf Jahre überfällig war? Er stellte sich vor, wie sie groß und würdevoll bei der rustikalen Bank stand, einige Grad nach vorn geneigt und mit einem Gesäßpolster als Gegengewicht, wie in einem alten Witz im Satiremagazin *Punch*. Sie wäre kein Witz, wenn er sie sehen würde, aber keiner hatte sie jemals gesehen. Nur Rosen hatten sie alle gerochen.

Daniel setzte sich auf die Bank, stellte die Füße auf die Armlehne am anderen Ende und lehnte sich gähnend zurück, um zu lesen. Weit weg, glücklicherweise von der Entfernung gemildert, schnitt Mrs. Newcombe noch immer. Von Zeit zu Zeit klingelte das Telefon in der Empfangshalle, aber im Rosengarten stand trotz der mahnenden Sonnenuhr die Zeit still. Obwohl die Rosenblüten so aussahen, als müßten sie sich im nächsten Moment in ihre Bestandteile auflösen, blieben sie heil. Kein einziges Blütenblatt fiel. Jenseits der Hecke zerriß ein schriller Schrei, der geeignet war, über das unempfindlichste Rückgrat Schauder zu jagen, die milde Luft.

»Danie – elll!«

Er sah auf sein Buch hinunter, wie um die Stimme zu entmutigen.

»*Dani – elll!*« Die Stimme kam näher, entfernte sich, kam wieder näher. Statt zur Hecke zu schauen – Susie könnte seinen durchdringenden Blick spüren und ihn entdecken –, richtete Daniel seinen Blick auf die nächste Rose, eine aufgeblähte Kugel in Wäscherosa, die wirkte, als stamme sie vom Strumpfband einer Revuetänzerin. Er starrte sie an.

»Dani – el!«

Vom langen Starren verschwamm die Rose und wurde undeutlich vor seinen Augen, aber als er den Blick wieder konzentrierte, war sie immer noch da, und die nun etwas gedämpfte Stimme entfernte sich niedergeschlagen in Richtung Haus.

»Danny?« Daniels linker Zeigefinger bewegte sich vorwärts und tippte die Rose von unten an, aber selbst jetzt, im Begriff abzufallen, blieb die Blüte auf ihrem Stengel.

»Daniel?« Es war die Stimme seiner Mutter, die nun, da sie im Zorn schärfer geworden war, Mrs. Newcombes Tonlage erreicht hatte, und wie das Echo eines geflügelten weiblichen Ungeheuers fiel Mrs. Newcombe ein. »Daniel?«

»Ich bin nicht da, meine Liebe«, murmelte Daniel. Er hörte ihre Konversation wie ein steifes Duett: Seine Mutter klang verlegen und bedauernd, Mrs. Newcombe so, als mache es ja gar nichts, aber mütterlich und im Interesse ihrer Tochter beleidigt. Mrs. Newcombe und seine Mutter redeten sich bereits mit Pat und Shirley an.

»O Shirley, es tut mir *so* leid. Ich habe keine Ahnung . . .«

»Es ist ja nicht *deine* Schuld, Pat.«

Das Telefon klingelte wieder. Daniel blickte auf und sah die sanfte Kugel der Rose ganz am Rand seines Gesichtsfelds glühen. Wenn er am Ende des Kapitels angekommen war, würde er sich das Vergnügen gestatten, diese törichte, nickende Blüte zu köpfen, falls sie nicht abfiel, bevor er soweit war.

Mrs. Newcombe schnitt unerwartet nah bei der Zypressenhecke. Daniels Augen wurden unfreiwillig hingezogen, ihr doppelter Laserstrahl bohrte sich durch das dichte Geäst von hinten in ihren gewellten Kopf (Verschwinde, alte Schachtel. Verdrück dich), und sie sahen, wie in der Nähe der Sonnenuhr eine Rose lautlos in einem Regen von rosafarbenen Blütenblättern explodierte. Daniel starrte und nahm in sich auf, was er gesehen hatte. Es schien, als wäre die Blüte nicht abgefallen, sondern eher *geplatzt*. Ein bißchen näher bei ihm passierte dasselbe noch einmal; eine zweite Rose verschwand, und diesmal fielen die Blütenblätter nicht nach unten, sondern flogen nach oben, als hätte eine Hand der Rose von unten einen Schlag versetzt. Daniel bog seinen eigenen juckenden Zeigefinger zur Handfläche hin und sah, wie sich eine dritte Rose in Luft auflöste. Gleichzeitig spürte er, wie sich seine Hose an seinem Schienbein bewegte und wie sich an seiner Stirn eine Haarsträhne entwirrte. Während er wartete, daß seine eigene Rose fiel, was sicherlich geschehen mußte, jetzt, wo der Wind in den Garten gefunden hatte, schwang Daniel seine Füße auf den Boden und spürte einen Luftzug um die Knöchel, zu tief unten, um eine Rosenblüte zum Fallen zu bringen; und dann barst am anderen Ende des Gartens eine vierte Blüte, und zwar so heftig, daß die Blütenblätter ins Blattwerk geschleudert wurden und dort hängenblieben. Kein einziges erreichte das Gras. Drei eng beieinander auf einem Stengel sitzende Blüten wurden abgeschlagen. Daniel sah dem dahinwehenden Konfetti nach und dachte über das Wort *geschlagen* nach. Fast war es, so überlegte er, als ginge einer – eine – durch den Garten und schlüge unterwegs nach den Rosen: da ... da ... und da: eine, die wartete, die genug hatte vom Warten, genug von den Rosen. Jetzt starb ein Dutzend auf einmal unter einem von oben geführten Schlag, der sie in Stücke zerfetzte, während ein von der Seite kommender und auf eine weitere Blütengruppe gerichteter Hieb Daniel, der drei Meter entfernt saß, die Blütenblätter ins Gesicht fliegen ließ.

Jetzt benutzt sie beide Hände, dachte Daniel. Die rechte und die linke – oh, jetzt ist unsere Geduld *erschöpft*, nicht wahr?

Im Garten nebenan, wo Daniel über den Spitzen der Zypressen eine Bruchweide sehen konnte, die ihre Last trauernd dem Boden zuneigte, wehte kein Wind. Gleich neben ihm flogen Fragmente seiner eigenen Rose in die Luft, und er hörte das leise, dumpfe Geräusch, als sie auseinanderfiel. Es war schrecklich nah.

Da kommt sie, sagte Daniel, ohne zu merken, daß er sein Buch zugeklappt hatte und nun auf der äußersten Kante der Bank saß, einen abgewinkelten Arm auf das seidige Holz gestützt, um sich hochzustemmen. Da kommt sie. Noch sah sie sich nicht genötigt zu rennen; mit großen Schritten und mit über den Rasen schleifendem Rock ging sie an einem Spalier entlang, hinüber zum anderen, hinüber, daran vorbei, weiter zum nächsten, und unterwegs schwang ihr Arm hoch, und da, wieder war eine Rose weg, und noch eine, und ein ganzer verdammter Strauß, da, da und da.

Daniel zog die Füße an, als der gebieterische Luftzug an ihm vorüberfegte. Sie bewegte sich jetzt schneller, da, da und *hier*. Keine der reifen Rosen entkam, und jetzt machte sie sich an die halb aufgeblühten, riß sie lebend von den Zweigen. Ohne sich die Zeit zu nehmen, sie zu zerquetschen, schleuderte sie sie hinter sich, packte schon nach der nächsten, während die letzte noch durch die Luft flog, einen Bogen beschrieb und zu Boden fiel. Überall, nicht nur unter den Spalieren, war das Gras mir rosa, weißlichen und gelben Wunden gesprenkelt. Nun zerrte sie an den Stengeln selbst, knickte sie ab und riß sie von den Büschen. Es waren keine dornenlosen Rosen. Bestimmt waren ihre Hände zerfetzt, und Blut lief an ihren mähenden Armen herab zu den Ellbogen. Und obwohl ihre Knochen schon fast bloßliegen mußten, stürzte sie sich immer noch von einer Seite zur anderen, ruckte und riß, bis sogar die Knospen zerstört waren und herunterhingen, tot, bevor sie lebten.

Und dann blieb sie zerschunden stehen und ließ ihre blutenden Arme hängen. Daniel strengte sich an, dieses Ding zu sehen, dem er aus dem Weg gehen mußte; er erhob sich von der Bank und begann sich langsam über das Gras zu dem schützenden Spalier zu schieben, die Augen überall, um zu sehen, wo die nächste Rose fallen würde. Aber es gab keine nächste Rose. Im ganzen Garten gab es keine einzige heile Blume, kein lebendes Ding mehr, das man zerstören konnte.

Außer mir, sagte Daniel, und die Luft schlug ihm ins Gesicht und wirbelte ihn herum, daß er gegen die Bank zurückfiel und zu Boden glitt. Sein Kopf schmerzte von einer Seite bis zur anderen, als wäre es ein Arm gewesen, der ihn gefällt hatte. Er sah, wie das Gras sich duckte und unter einem Druck glänzte, während ihn der Sturm in schrecklicher und kraftvoller Stille umschlang und auf die Füße zerrte.

»Nein!« schrie Daniel. »Nicht mich, nicht mich. Ich war es nicht, der dich warten ließ!« Er rang mit dem Wind, der wogte und an ihm saugte, bis er durch den Garten und zur Sonnenuhr hin zu stolpern begann, mit kalten Armen um den Hals, kalten Röcken, die ihm um die Beine klatschten, und einem eiskalten Gesicht an seiner Wange. Sie mußte ihn aus ihrem Garten werfen, mit Sack und Pack, dachte Daniel, um ihn zu bestrafen, weil er ein armes Mädchen hatte warten lassen. Aber bald sah er, daß er und sie zwar auf die Baumhecke zuhielten, daß aber direkt vor ihnen in seinem Weg die Sonnenuhr lag.

»Nein!« schrie er wieder und lehnte sich zurück gegen den Wind, der sich ganz plötzlich hinter ihm sammelte und mit entsetzlicher Zuversicht zustieß, daß die glitschigen Sohlen seiner Schuhe über das Gras und die Blütenblätter rutschten, auf die steinerne Säule, das bronzene Zifferblatt, den funkelnden Zeiger zu. »Nein«, sagte er, »nein!« Aber ein kälterer Atem als seiner erstickte den Schrei in seinem Mund, und er taumelte unter dem letzten Stoß kopfüber nach vorn. Sein Fuß kam schwer auf den schmierigen Rosen auf, sein Knöchel knickte um, und er fiel der Länge nach ins Gras. Gleichzeitig hörte er ein zischendes Pfeifen von Atem, der erstickte, abbrach, blubberte und verging. Daniel lag am Fuß der Sonnenuhr, mit einer Hand an der Stirn, die er am Sockel aufgeschlagen hatte, und als er aufschaute, sah er, wie sich – genau dort, wo sein Herz gewesen wäre, hätte ihn sein Stolpern nicht zur Seite geschleudert – der Zeiger in den blauen Himmel bohrte. Er schimmerte feucht in der trockenen, regungslosen Luft.

Nach einer langen Zeit erhob er sich vom Rasen und kroch durch die Baumhecke in den Garten des *Golden Wheel*, wo seine Mutter und Mrs. Newcombe gerade Geschirr und Kuchen auf einem kleinen weißen Metalltisch verteilten. Beide drehten sich gleichzeitig um; ihre schrillen Schreie vermischten sich miteinander und zerrten ihn auf die Beine.

»Wo *warst* du?« wollte seine Mutter wissen.

Daniel deutete vage.

»Da drin.«

»Wo drin?«

»Da.«

»Wovon redest du? Oh, sieh nur, Shirley, sein Kopf. Daniel, was hast du gemacht?«

»Der Rosengarten«, sagte Daniel. »Geht nicht in den Rosengarten.«

»Das hier ist der Rosengarten. Wovon redet er?«

»Er phantasiert«, sagte Mrs. Newcombe weise mit spitzem Mund. »Du solltest ihn nach drinnen bringen, Pat, damit er sich hinlegt. Bei Schlägen gegen den Kopf kann man nicht vorsichtig genug sein, gerade an dieser Stelle.«

Mrs. Glover kam über das leuchtende Gras auf sie zu.

»Ein Unfall? O je, was ist denn da passiert?« Sie faßte Daniel am Kinn und musterte seine Stirn. »Sieht schlimm aus. Wo hast du dir denn das geholt?«

»Im Rosengarten, sagt er. Ich kann mir nicht vorstellen, was geschehen ist«, sagte Mrs. Maddison. »Wir schauten uns um und sahen ihn liegen, da drüben, beim Steingarten. Ich kriege nichts Vernünftiges aus ihm heraus. Er sagt nur unentwegt, er sei im Rosengarten gewesen, aber dort war er natürlich nicht. Dort waren ja wir. Ich weiß nicht, wie er hingekommen sein soll, ohne daß ihn einer gesehen hat, und ich kriege ihn nicht dazu, mir zu sagen, wie er zu dieser Wunde gekommen ist. Es sieht aus, als wäre es etwas Scharfes – fast Rechtwinkliges – gewesen. Wie die Ecke von irgendwas.«

»Nicht in diesem Rosengarten – in dem dort.« Er versuchte, einen Arm zu heben, um es ihnen zu zeigen, doch sie brachten ihn nach drinnen und zwangen ihn, sich auf das mit Cretonne bezogene Sofa im Salon zu legen.

»*Ich* dachte, er sei aus der Baumhecke gekommen«, sagte Mrs. Newcombe.

»Oh.« Mrs. Glover machte ein so bestürztes Gesicht, daß die schnatternde Konferenz verstummte. »Um Himmels willen, *den* Rosengarten meint er. O nein, da hätte er nicht hingehen sollen.«

»Wollen Sie damit sagen, daß es noch einen gibt?« Mrs. Maddison fuhr zu Daniel herum. »Vermutlich hast du unbefugt fremdes Gelände betreten.«

»Nein, es gehört uns«, mischte sich Mrs. Glover eilig ein.

»Aber wir benutzen es nicht mehr. Es wird immer so windig dort.« Sie sah Daniel an. »War es so, Lieber? Wurde es windig?«

Er nickte. Mrs. Newcombe stieß mit einem eiskalten, tropfenden Waschlappen auf ihn nieder und betupfte seine Stirn.

»Ach, Unsinn. Den ganzen Tag über war kein Windhauch zu spüren«, rief Mrs. Maddison ungehalten. Sie haßte Szenen, vor allem solche, die Daniel in die Wege leitete.

»Es ist ein seltsamer Ort, dieser kleine Garten«, sagte Mrs. Glover. »Deshalb haben wir ihn durch eine Hecke abgesperrt. Er scheint wie eine Art Luftschacht zu wirken. Dort drinnen kann ein ziemlich starker Wind aufkommen, selbst wenn sich überall sonst nichts rührt.« Sie lachte fast entschuldigend. »Unsere kleinen Stürme, nennen wir sie.«

Daniel dachte an die Zerstörung, die dieser kleine Sturm hinterlassen hatte. Er öffnete die Augen und sah, wie ihn Mrs. Glover anschaute. Sie telegraphierte ihm: *Ich weiß, was du da drinnen gemacht hast, junger Mann, und es geschieht dir ganz recht.*

Er antwortete: *Es ist schon mal passiert, nicht wahr? Sie sollten eine Mauer bauen.*

Mrs. Newcombe schnitt wieder. »Er sieht aus, als hätte er ein Gespenst gesehen.«

»Ich habe nichts gesehen«, sagte Daniel schwach. Sie kamen zu ihm herüber und beugten sich sehr besorgt über ihn.

»Kannst du dich noch erinnern, was passiert ist?« fragte Mrs. Maddison. »Bist du gefallen?«

Ja, ich bin gefallen, genau wie Maud. Maud ist ebenfalls gefallen. Und wißt ihr, worauf sie gefallen ist?

»Ich habe nur gelesen«, sagte Daniel, »und auf Susie gewartet.«

»Susie hat auf *dich* gewartet«, gab seine Mutter zurück. Schärfe unterhöhlte ihr Mitleid.

»Wo ist sie?«

»Sie ist schließlich und endlich mit Clare losgezogen. Sie hatte es satt zu warten.«

»Da war sie nicht die einzige«, flüsterte Daniel und drehte das Gesicht zur Rückenlehne des Sofas, um dem leisen Lächeln zu entgehen, das Mrs. Glovers gespitzte Lippen kräuselte. Schließlich gaben sie es auf, ihn in die Zange zu nehmen, und überließen ihn sich selbst.

»Ein kleines Nickerchen wird ihm nicht schaden«, sagte Mrs. Newcombe.

Als sie gegangen waren, um an dem kleinen weißen Tisch Tee zu trinken, setzte sich Daniel vorsichtig auf und sah durchs Fenster zur Zypressenhecke. Hinter ihr, umgeben von Rosenduft, wartete noch immer Maud Ibbotson – so wütend, so verzweifelt auf Gesellschaft aus und so gefährlich nahe am Ende ihrer Geduld.

JOHN GORDON
Allein im Dunkeln

Das Dorf sah aus, als wäre es in die Hügel genäht. Eine Häusergruppe wurde vom Faden des Baches gehalten; der Bach selbst war unter eine Brücke gefaßt und in einer Falte aus Heidekraut und Farnen um eine steinerne Scheune geschlungen. Die Hügel wirkten so weich wie eine Steppdecke in der Oktobersonne.

»Das ist es«, sagte die große, schwere Frau, die vorn im Bus beim Fahrer saß. »Lastingford.«

»Das wird sich meine Mam nie und nimmer merken können«, sagte Alec zu Jack. »Dafür hat sie nicht genug Platz auf dem Umschlag.«

»Wenn es bloß das wär', Mann«, sagte Jack. »Vermutlich kommt hier nicht mal Post.«

Die Frau hatte sie gehört. Sie stand auf und drehte sich um, damit der ganze Bus sie hören konnte. »Macht euch keine Sorgen«, sagte sie. »Die Leute hier sind genau wie überall, und ich weiß, sie werden euch willkommen heißen.« Sie lächelte von oben auf Alec und Jack hinunter. »Und von zu Hause werdet ihr alle hören. Die Post kommt nämlich regelmäßig.«

David, der alleine hinter den anderen beiden saß, versuchte einen Blick von ihr zu ergattern. Sie hatte in Newcastle am Bus gestanden, ihre Namen auf der Liste abgehakt und zugesehen, wie ihm seine Mam einen Kuß gab und sein Dad die Hand. Auf ihrem ziemlich großen Gesicht unter dem grünen Hut mit der Krempe hatte das komische kleine Lächeln von Frauen gelegen, die gerade im Begriff sind, in Tränen auszubrechen. Und seiner Mutter, die kein Wort herausbekam, als er in den Bus kletterte, hatte sie zugenickt. Aber jetzt hatte sie etwas Autoritäres an sich, und sie hielt das kleine Brett, auf dem die Liste und ihre sonstigen Unterlagen festgeklammert waren, wie ein Baby an die Brust gedrückt; also sah er wieder aus dem Fenster. Sorgfältig, damit keiner es sah, tupfte er mit den Fingerspitzen die Tränen aus den Augenwinkeln fort.

»Missus!« Jack gelang es, die Frau auf sich aufmerksam zu machen. »Kommen hier Bomben runter?«

»Nein, selbstverständlich nicht. Deshalb werdet ihr ja hierher evakuiert. Hier seid ihr so sicher wie in einer Festung.«

David hatte ein Haus einstürzen sehen, das wie eine Festung schien. Eine halbe Stunde nach dem Bombeneinschlag, während die Männer in weißen Helmen über zusammengebrochene Wände und gesplittertes Holz kletterten, war auch das Nachbarhaus eingestürzt. Die grauen Schieferschindeln waren wie geschmolzene Schlacke heruntergeglitten, und der Rauch vom Küchenfeuer stieg noch aus dem Schornstein, als er mit einem leisen Prasseln in die weiche Staubwolke tauchte. Mrs. Armstrong fand darunter den Tod, aber er bekam sie nicht zu Gesicht.

»Also, macht euch keine Sorgen«, sagte die Frau. »Es gibt Kühe hier und Milch und Pferde.«

»Und Teiche?« Alec mit seinem sehr blassen Gesicht und den leuchtendroten Haaren sah unschuldig zu ihr hinauf. »Mit Entchen darauf?«

Sie war nicht sicher, ob er sich über sie lustig machte, und als sie sagte: »Würde mich nicht wundern. Ihr seid ja jetzt auf dem Land«, wurde sie rot.

»Ich mag flauschige kleine Enten«, sagte Alec, und die Frau tat so, als sähe sie nicht, wie er und Jack die Köpfe zusammensteckten und bei dem Versuch, ihr Gelächter zu unterdrücken, fast erstickten. Sie ging an ihnen vorbei bis ganz nach hinten im Bus.

Der kleine Junge, dachte sie, der hinter den beiden, hätte nichts dagegen, über Enten zu reden. Aber ich darf ihn nicht darauf ansprechen, sonst halten ihn die anderen für ein Kleinkind. Was er ja fast noch ist. Sie warf einen Blick auf ihre Liste. Erst acht. Sie schüttelte den Kopf. Es war schon schlimm genug für die beiden anderen, und die waren drei oder vier Jahre älter, aber der Kleine hätte niemals von seinen Eltern getrennt werden dürfen.

Jetzt fuhren sie hinunter ins Tal, doch David konnte immer noch die Hügel sehen, die buckelten wie die grüne Daunendecke zu Hause auf seinem Bett, aus der er morgens, gleich nach dem Aufwachen, Landschaften machte und auf deren Hängen er Abenteuer erlebte.

Der Bus hielt in der Mündung eines steinigen Wegs zwischen dem Wirtshaus und einem Laden, der eher nach einem Wohnhaus aussah, wo man im Wohnzimmer von irgendwem die ganzen Waren aufgestapelt hatte. Zwei Pfadfinder nahmen den Bus in Empfang, große Burschen, die gekommen waren, um dabei zu helfen, die evakuierten

Kinder im Dorf unterzubringen. Jeder der beiden bekam eine eigene kleine Gruppe von Kindern zugeteilt, die sie an ihrem jeweiligen Bestimmungsort abliefern sollten. Doch die Frau suchte sich Alec und Jack und David aus, um sie zu begleiten. »Die drei gehören zusammen«, erklärte sie den Pfadfindern. »Als erstes will ich mich mal um ihre Unterbringung kümmern.« Dann wurde sie lauter, damit alle sie hören konnten. »Anschließend komme ich bei jedem von euch vorbei, um zu sehen, ob ihr es auch alle schön und gemütlich habt.« Aber einige von den Mädchen weinten. »Es ist doch genau wie Ferien«, sagte die Frau. »Die Leute hier freuen sich wirklich auf euch. Ihr werdet sehen.« Sie sah die steile Straße hinauf und hinunter. Eine Frau stand ein kleines Stück hangabwärts vor der Haustür, sonst war niemand zu sehen.

»Missus«, meldete sich Jack. »Ich war noch nie in den Ferien.«

Eine Spur von Verzweiflung huschte über ihr Gesicht. »Ist ja auch egal«, sagte sie. In ihrer Stimme lag etwas Zittriges; sie glitt in einen anderen Tonfall, und jetzt klang sie genau wie die Mütter der Kinder. »Mach dir keine Sorgen, Herzchen, ich bringe dich in ein wirklich schönes Haus. So, jetzt nehmt eure Sachen.«

Jack trug seine Kleider in einem Paket, aber Alec und David hatten jeweils einen kleinen Koffer, der von Alec mit einem Riemen drumherum. Und alle drei hatten trotz der heißen Oktobersonne Mäntel an. Sie waren gekommen, um zu bleiben, und der Winter war nicht sehr weit.

Die Frau führte sie bergauf und um eine scharfe Ecke auf einen holprigen Weg, der steil nach oben an den Berghang führte, wo Schafe wie Rauchwölkchen von Flakgeschützen zwischen dem purpurnen Heidekraut hingen. Doch vorher kam noch ein scharfer Knick, und nach ein paar Schritten fanden sie sich vor einem hohen, grauen, steinernen Haus mit unansehnlicher Vorderfront. In den Fenstern rechts und links von der Tür standen breitblättrige Pflanzen, und Spitzenvorhänge hingen herab, als fiele Regen in den dunklen Zimmern dahinter. Aber der Türklopfer aus Messing war poliert und funkelte, und die Eingangsstufe war fast weiß geschrubbt. Gerade wollte die Frau nach dem Türklopfer greifen, als die Tür plötzlich aufgerissen wurde. Ein etwa sechzehnjähriges Mädchen stand da und machte den Versuch, an dem ausgestreckten Arm vorbeizusehen. »Guten Tag, haben Sie sie gebracht – die Evakuierten? Drei müßten es sein, alles kleine Jungen, hat Mrs. Prosser gesagt. O ja.«

Während die Worte hervorgesprudelt kamen, wanderte der Blick des Mädchens von einem zum anderen.

»Gut. Alle da.« Das runde Gesicht strahlte.

David schien es, als leuchteten die rosigen Backen und das rasche Lächeln des Mädchens vor dem grauen Stein und der dunklen Halle dahinter und als passe beides nicht zu der Kleidung, die es trug. Auf seinem braunen Haar, das zu einem Dutt zurückgekämmt war, saß ein weißes Spitzenhäubchen, und es trug ein schwarzes, bis zum Hals hochgeknöpftes Kleid, schwarze Strümpfe und schwarze flache Schuhe. Der Körper steckte irgendwie in einem Gefängnis, das über seiner Mauer nur das Gesicht freiließ. Das Mädchen machte einen kurzen Knicks vor der Frau. »Mrs. Prosser sagt, ich soll die drei nach oben in ihr Zimmer bringen, und in der Zwischenzeit will sie Sie im Salon empfangen.«

Die Frau mit dem grünen Hut trat beiseite und ließ die Jungen vorausgehen. Dabei berührte sie jeden im Vorübergehen an der Schulter, als wollte sie die drei eigentlich zurückhalten, weil sie gerade im Begriff waren, in ein Haus zu platzen, in das sie nicht gehörten. »Wisch dir die Füße ab«, sagte sie zu jedem, also dreimal hintereinander. Dann folgte sie und blieb regungslos stehen, die Finger um ihr Brett mit den Unterlagen geklammert, während das Dienstmädchen die Tür schloß und damit fast das ganze Licht aussperrte. Die Halle war kalt und dunkel.

Jack schnupperte. »Riecht nach Bohnerwachs«, sagte er. »Schaut euch mal an, wie dieser Boden glänzt!«

Ein dünner Teppich lag in der Mitte der Halle. Alec stieß mit der Fußspitze danach, bis er sich über dem gebohnerten Holz zu Falten schob. »Könnte gefährlich werden, wenn man mit Karacho die Treppe runterkommt«, sagte er.

Auch Jack stupste nach dem Teppich. »Mann!« sagte er laut. »Kein Problem, da auszurutschen und auf den Arsch zu fliegen!«

»Pst!« Die Frau war entsetzt, aber das Mädchen stieß einen leisen, erstickten Quietschlaut aus und ging dann, Lippen und Augen fest zusammengekniffen, an ihnen vorbei. Es öffnete eine Tür, und sie hörten, wie es etwas murmelte, dann winkte es hastig die Frau heran, ließ sie eintreten und schloß rasch die Tür hinter ihr.

»Na, ihr Bürschchen!« Ganz aufrecht stand das Mädchen da und hatte Mühe, sich das Lachen zu verkneifen. »Wenn ihr so weitermacht, werde ich erschossen. Wo sind eure Manieren?«

»Aber es stimmt«, sagte Jack. »Dieser Fußboden ist gefährlich.«

»Hier ist nicht nur der Fußboden gefährlich.« Das Mädchen kam näher, und jetzt hatte es sein Gelächter gut unter Kontrolle. »Wenn ihr euch nicht in acht nehmt, schickt euch Mrs. Prosser wieder heim.«

»Mir doch egal«, sagte Jack.

»Mir genauso«, kam ihm Alec zu Hilfe.

»Und was wird aus mir?« erkundigte es sich mit in die Hüften gestemmten Händen. »Wenn ihr drei Kerle eure Zunge nicht im Zaum haltet, macht sie mich verantwortlich und wirft mich raus. Und was stell' ich dann an ohne Arbeit?« Das Mädchen sah sie der Reihe nach so streng an, wie es sein rundes Gesicht erlaubte. »Hm?«

David sah, daß die anderen beiden wortlos dastanden. Plötzlich bekam er Angst, sie könnten dafür sorgen, daß sich dieses eine freundliche Gesicht gegen sie wendete. »Wir machen Ihnen keinen Ärger, Miss«, sagte er.

Er stand halb verdeckt hinter den anderen und war der Kleinste. Jetzt ruhte der Blick des Mädchens zum ersten Mal voll auf ihm, und es bekam plötzlich weichere Züge. »Nenn mich nicht Miss«, sagte es. »Dafür bin ich noch zu jung.«

Jack drehte sich um und sah auf David hinunter. »Weiß doch jeder«, sagte er. »So was von bekloppt.«

»Nein, ist er nicht.« Plötzlich schien das Mädchen aggressiv zu werden. »Er ist nicht bekloppt. Er ist der Netteste von euch dreien. Wie heißt du denn, Herzchen?«

»David«, sagte er.

»Also gut, David. Wir gehen voraus, und die beiden kommen hinterher.« Es streckte die Hand aus, und er hätte sie auch schrecklich gern genommen, aber wenn er das tat, würden ihn die anderen Mamakind nennen, das wußte er, also blieb er stehen und schaute finster nach oben. Wieder mußte das Mädchen ein Kichern unterdrücken. »Na gut, David«, sagte es, drehte sich zu den anderen und erkundigte sich nach ihren Namen. »Ihr könnt mich Pauline nennen, aber seid bloß nicht frech zu mir, das rate ich euch, sonst sage ich es der Missus.«

Sie drehte sich um. Jetzt waren ihr Gesicht und ihr Häubchen nicht mehr zu sehen, sie wurde schwarz von Kopf bis Fuß und verschmolz so vollständig mit den tiefen Schatten am Ende der Halle, daß David dachte, sie sei durch eine Tür zur Seite verschwunden. Nur das Rascheln ihres Kleids zog ihn voran. Dann ging sie eine Treppe hoch, die viel breiter war als die in allen Häusern seiner Straße, und er hetzte hinterher, damit sie nicht wieder verschwand. Schnell ging sie, und sein schwerer Koffer schlug gegen seine Beine, während er sich Mühe gab, mit ihr Schritt zu halten. Doch auf einem Treppenabsatz wartete sie. »Seid ihr aus der Puste?« fragte sie. »Wir haben nämlich noch ein gutes Stück vor uns.«

Ein Fenster mit buntem Glas war zu sehen. »Es ist genau wie in einer Kirche«, sagte Jack zu dem Mädchen.

»Und fast ebenso kalt.« Alec zitterte. »Werden hier Choräle gesungen?«

»Keine Musik.« Pauline schüttelte den Kopf. »Die Missus will niemanden singen hören. Sie will überhaupt kein Geräusch hören innerhalb dieser vier Wände.«

Die unsichtbare Mrs. Prosser hätte kaum einen Grund zur Klage gehabt, während sie die nächste Treppe hochkletterten und dann noch eine, denn Alecs und Jacks Geplapper verstummte, als ihnen die Luft ausging. Nur ihre Füße auf dem Treppenläufer waren zu hören. David fiel auf, daß der Läufer dünner und ihre Schritte lauter wurden, je höher sie kamen, wobei gleichzeitig die Gefahr, daß man den Lärm von unten hörte, kleiner wurde. Und das Treppenhaus wurde enger, bis kaum mehr genug Platz für sie war mitsamt dem Gepäck. Mit der freien Hand hielten sie sich an einem gestrichenen Geländer fest. Dann kamen sie bei einem Treppenabsatz mit nackten Fußbodenbrettern und einem einzigen Fenster an.

»Weiter oben kann's ja kaum sein«, sagte Jack. »Wir müssen so gut wie unter dem Dach sein, bei den Vögeln.«

»Da irrst du dich, Süßer«, ahmte Pauline seinen Newcastler Akzent nach. »Eine Etappe haben wir noch vor uns.« Sie ging zu einer einfachen Tür mit einem Riegel statt einer Klinke. »Man schiebt den Drücker nach oben«, sagte sie, während sie den Riegel anhob und die Tür aufzog, »und da wären wir. Fast.«

Sie ging in die Dunkelheit; sie hörten ihre Schuhe auf den nackten, hölzernen Stufen, dann öffnete sich eine weitere Tür und ließ graues Licht auf die letzte Treppe fallen.

»Kommt«, rief sie, und Jack drängelte sich vor. Alec wollte nicht, daß sie ihn auf dem kahlen Treppenabsatz zurückließen, also ging er hinterher und ließ David stehen.

Die Tür schwang zu. Plötzlich war er allein. Der Treppenabsatz war wie ein kleines Zimmerchen, wie ein leerer Schrank; kein Laut kam von oben oder unten, nicht einmal das Scharren eines Käfers. Er hatte einmal einen Traum gehabt, der so gewesen war – ein leeres Zimmer in einem Haus, weit fort von allem, was er kannte. Er blieb stehen, wo er war, und wartete darauf, daß er wieder aufwachte.

Es dauerte eine volle Minute bis Pauline, die merkte, daß er nicht hinterherkam, die Treppe herunterklapperte.

»Armes kleines Kerlchen!« Gleich darauf stand sie neben ihm, legte ihm den Arm um die Schultern und beugte sich herunter. »Du wirst mir noch das Herz brechen, ganz bestimmt.« Tränen stiegen an die Oberfläche, liefen aber nicht ganz über. »So wie du mit dem hochgeknöpften Mantel und dem Koffer neben dir dastehst, siehst du aus, als wärst du allein und verlassen auf einem Bahnhof – kleiner, verlorengegangener Junge.« Plötzlich war sie so mütterlich, daß sie sogar sein dunkles Haar glattstrich. »Warum bist du uns nicht gefolgt?«

Bis dahin war er nicht auf den Gedanken gekommen zu weinen, aber jetzt zogen sich seine Mundwinkel nach unten.

»Da war ein Mann«, sagte er.

»Ein Mann? Wo?«

Er hob eine Hand und deutete zur Tür. Wenn sie ihn nicht gefragt hätte, wäre ihm sicher nie mehr eingefallen, was sich gerade abgespielt hatte. Aber es stimmte. Ein kräftiger Mann war hinter Alec durch die Tür gegangen. Dadurch hatte David gezögert und war allein zurückgeblieben.

»Hier ist kein Mann«, sagte Pauline. »Hier sind nur wir.«

»Ich hab' ihn gesehen.« Groß war er gewesen, der Mann, und einen bräunlichen Anzug hatte er angehabt.

Pauline musterte David einen Augenblick und sah sich dann auf dem Treppenabsatz um. »Hier oben ist kein Mann, David. Im ganzen Haus ist kein Mann.«

Das wußte David. Aber er hatte den breiten Rücken und das gesprenkelte, rauhe Material vom Jackett und der Hose des Mannes gesehen. Es war eines dieser Dinge gewesen, die man sieht und gleichzeitig nicht sieht. Und einen Augenblick später hätte er es vergessen, wäre nicht Paulines Frage gewesen. Sie sah ihm jetzt ins Gesicht, so lieb wie seine Mutter, und seine Lippen zitterten.

»Oh«, sagte sie und kauerte sich hin, um ihn zu umarmen. »Das ist bloß deine Fantasie, David – nach allem, was du mitgemacht hast, mit diesem gräßlichen Hitler und seinen Bomben überall. Und dann müssen wir dich auch noch ganz allein hier stehenlassen.« Sie zog ein Taschentuch aus dem Ärmel und wischte ihm die Augen ab. »Aber das eine kann ich dir sagen, Herzchen, wir lassen dich nicht noch einmal hier oben allein. Nie wieder.«

Mrs. Prosser hatte dafür gesorgt, daß die drei Jungen im Haus so wenig wie möglich zu sehen sein würden. Ihr Zimmer war unter dem Dach – drei Eisenbetten nebeneinander unter einer gekalkten Decke und schiefen Wänden.

»Genau wie ein Schlafsaal«, sagte Jack.

»Ich finde es ganz nett hier.« Pauline zog Bettzeug glatt. »Ich hab' versucht, es gemütlich herzurichten.« Sie hatte zwei Flickenteppiche von zu Hause mitgebracht und sie auf den kalten Linoleumboden gelegt. Und ohne daß es Mrs. Prosser wußte, hatte sie die Vorhänge aus einem anderen

Zimmer hier oben genommen und sie vor das einzige Fenster gehängt, das zwischen den Dachschindeln hinausragte.

»Was ist das?« erkundigte sich Jack und deutete auf einen Tisch unter dem Fenster.

»Ein Waschtisch. Hast du denn von nichts eine Ahnung?« Ein Krug stand in einer großen Schüssel auf der Marmorplatte des Tisches. »Da legt ihr eure Seife hin«, sagte sie und deutete auf eine Porzellanschale. »Und eure Handtücher hängt ihr über die Handtuchhalter an der Seite. Ich bring' euch gleich Wasser herauf.«

»Alle in der gleichen Schüssel?« Alec konnte es nicht glauben. »Das wird 'ne schwarze Brühe geben.«

»Ich mach' mich als erster dran«, sagte Jack.

Neben einem riesigen Kleiderschrank stand ein Stuhl mit einem Sitz aus Rohrgeflecht, sonst gab es keine Möbel. »Da drin könnt ihr später eure Kleider aufhängen«, erklärte Pauline, »aber jetzt müßt ihr der Missus guten Tag sagen. Legt eure Mäntel auf die Betten. Nein . . .« sie hielt Jack zurück, der seinen Mantel auf das mittlere Bett werfen wollte, ». . . das ist für den Kleinsten. Ihr zwei Großen müßt auf ihn aufpassen.« Jack und Alec zogen Gesichter. »Und eure Grimassen könnt ihr euch sparen.«

»Hat er nach seiner Mam geheult?« Jack musterte Davids Gesicht.

»Nein, hab' ich nicht!« David machte einen plötzlichen Satz nach vorn, und Jack mußte ihn sich vom Leib halten. Pauline stieß einen spitzen Schrei aus.

»Ist das ein kleiner Hitzkopf, wenn man ihn reizt!« Sie war begeistert von ihm. »Nehmt euch lieber in acht, ihr beiden.«

Jack streckte ihr die Zunge heraus.

»Und wenn so was nochmal vorkommt, kriegst du's mit mir zu tun.«

»Du bist doch bloß ein Mädchen.«

»Das werden wir ja sehen!« Plötzlich jagte sie alle drei im Zimmer herum und über die Betten, bis sie Jack in einer Ecke erwischte. »Sag, daß es dir leid tut, oder ich brenn' dich auf Chinesenart.« Sie hielt die geballte Faust bereit, um ihm mit den Fingerknöcheln über die Kopfhaut zu reiben. »Sag, daß es dir leid tut!«

»Tu ich nicht.«

Die beiden balgten sich und lachten, als aus der Ferne leise eine Glocke klingelte. Pauline hörte sie durch den ganzen Krach hindurch und kämpfte sich augenblicklich frei.

»Sitzt mein Häubchen gerade? Seht euch bloß an, in welchem Zustand mein Kleid ist! Vollkommen zerknittert.« Sie strich ihr Haar zurück und drückte gleichzeitig an den Falten herum. »Kommt jetzt mit.« Sie war ganz verändert und befahl ihnen, ihr zu folgen. Sogar in Reih und Glied stellten sie sich auf, bevor sie durch die Tür gingen. David war erneut der Letzte, und das war es, was ihn wieder an den Mann denken ließ. Er warf einen Blick zurück. Das Zimmer war vollkommen leer. Wenn da ein Mann gewesen wäre, hätte er nur im Schrank sein können. David klammerte sich hinten an Alecs Jacke fest, während er ihm die Treppe hinunter folgte.

So durchquerten sie das Haus von oben nach unten, ihre Schritte wurden leiser, während die Läufer dicker wurden, und dann waren sie in der stillen Halle angelangt. Pauline strich noch einmal ihren Rock glatt, befeuchtete sich die Lippen, ließ den Blick über die drei Jungen wandern und klopfte an eine in ihrer eigenen Nische verborgene Tür. Sie sahen, wie Pauline einen Knicks machte, als sie hineinging, dann trat sie zurück und winkte sie heran.

Das Licht, das durchs Fenster fiel, wurde von den herabfallenden Vorhängen guillotiniert, und als sich die Tür mit einem leisen Schnappen hinter ihm schloß, war es David so, als sei er in einer dunklen Meereshöhle gefangen. Hohe

Schränke erhoben sich zur Decke, wo sie in schwarzen, sich kringelnden Schnecken endeten, und ebenholzgerahmte Bilder neigten sich von den Wänden weg wie die Mäuler von großen, brüllenden, mit Ketten zurückgehaltenen Kreaturen.

Davids Hand griff nach der von Jack und hielt sie fest.

»Nun?« Die Stimme war ein hohes Jaulen. Für den Bruchteil einer Sekunde dachte David, er sähe einen in ein Kleid gesteckten Hund. Das graue Gesicht vor der Rückenlehne des Sessels hatte hohe Wangenknochen und ein so schmales Kinn, daß es aussah wie die spitze Schnauze eines Hundes.

Es bellte wieder. »Hör auf, herumzuzappeln, Mädchen.«

Das Rascheln von Paulines Kleid verstummte. David hatte sich halb hinter Jack versteckt, als sie sich neben der breiten Feuerstelle in einer Reihe aufbauten. »Den einen kann ich kaum sehen. Laß ihn vortreten.«

Pauline stupste ihn hinter Jack hervor.

»Sind sie sauber?« Die knochigen Augenbrauen drehten sich von ihnen weg zu der Frau mit dem grünen Hut, die neben ihrem Sessel stand.

»Natürlich, Mrs. Prosser.« Die Frau spielte nervös mit ihrem Notizbrett. »Die Krankenschwester hat sich ihre Haare angesehen, bevor wir uns auf den Weg machten.«

Das graue Gesicht fuhr zu Pauline herum. »Haben sie ihre Lebensmittelkarten?«

Die Frau sagte: »Die habe ich hier.«

»Wurde ihnen mitgeteilt, daß sie beim Hereinkommen ihre Stiefel abzuputzen haben?«

»Ja, Mrs. Prosser«, log Pauline.

»Daß ich keinen Lärm dulde?«

»Ja, Mrs. Prosser.«

»Hast du sie hochgebracht und ihnen ihre Betten gezeigt?«

»Ja, Mrs. Prosser.«

Dann entstand eine Pause, und die Frau mit dem grünen Hut sagte: »Bestimmt werden sie sich wohl fühlen hier.« Sie lächelte die drei an. »Nicht wahr?«

»Das wissen wir noch nicht«, sagte Jack.

Ein Geräusch wie das Zischen einer Schlange kam aus Mrs. Prossers Richtung. Einen Augenblick lang war Stille, dann begann sich die Frau neben ihr zu entschuldigen, aber das graue Gesicht lehnte sich zurück, preßte fest das Kinn gegen den dürren Hals, und die Frau verstummte wieder. Sie hörten den Atem in Mrs. Prossers Nasenlöchern, noch bevor sie etwas sagte.

»Schaff sie mir aus den Augen«, sagte sie. »Augenblicklich.«

Pauline erlaubte ihnen nicht, auch nur ein einziges Wort zu sagen, bis sie ganz oben angekommen waren.

»Oh«, sagte sie. »Ich setz' mich mal eben hin, bis ich verschnauft habe.« Sie setzte sich auf den einzigen vorhandenen Stuhl, sah auf ihren Schoß hinunter, und einen Augenblick später begannen ihre Schultern zu beben. David hielt es nicht aus, sie schluchzen zu sehen. Er ging hin, stellte sich vor sie, wollte sie anfassen, aber er wagte es nicht. Sie sah hoch. Ihr Gesicht war gerötet, aber nicht von Tränen. Sie kicherte. »Jack, dieses kleine Großmaul«, sagte sie. »Würde mich mal interessieren, wo er den Schneid hernimmt!«

David hatte sich geirrt. Er versuchte zu grinsen, doch er wußte, daß zuviel Unruhe in seinem Gesicht lag, also wollte er sich wieder entfernen. Pauline streckte den Arm aus und griff nach seiner Hand. »Nein. Bleib da. Einer muß mich vor diesen beiden Teufeln beschützen.«

»Ich hab' bloß die Wahrheit gesagt«, protestierte Jack. »Ob es uns hier gefallen wird, wissen wir noch nicht.« Er drehte sich zu Alec. »Was meinst du?«

Alec hatte die blasse Stirn gerunzelt. »Die da unten«, sagte er. »Wenn *die* so ist, möcht' ich mal wissen, was los sein wird, wenn Mr. Prosser heimkommt.«

»Zum Teufel«, sagte Jack. »Daran hab' ich überhaupt nicht gedacht.«

»Brauchst du auch nicht.« Pauline erhob sich. »Und derartige Ausdrücke will ich nicht mehr hören.«

»Ich hab' nur ›zum Teufel‹ gesagt.«

»Das reicht!« Sie ging energisch zu dem großen Kleiderschrank. »Darüber, daß Mr. Prosser heimkommen könnte, braucht ihr euch keine Sorgen zu machen. Er ist tot.«

»Puh!« Jack stieß die Luft aus. »Da haben wir aber noch mal Glück gehabt. Zwei von der Sorte könnt' ich nicht vertragen.«

Pauline wirbelte zu ihm herum. »Da irrst du dich aber gewaltig, du Schlaumeier. Er war überhaupt nicht so wie die Missus. Kein bißchen. Mr. Prosser war ein wunderbarer Mann. Er war so freundlich, daß man am liebsten unentwegt mit ihm geredet hätte, und« – ihre Stimme wurde lauter – »ich will kein einziges Wort gegen ihn hören.«

Jack war überrascht, aber nur einen Augenblick lang. »Aber er hat *die da* geheiratet«, sagte er.

Pauline seufzte, und man konnte ihre Mutter und all die anderen Dorffrauen reden hören, als sie sagte: »Es ist so ein Jammer, daß sie nie Kinder hatten. Aber sie wollte nie welche, absolut nicht. Er schon, das konnte man sehen. Er war ein bißchen schüchtern, sogar mit den Jungs und den Mädchen, aber er hatte so ein nettes, großes, freundliches Gesicht und Augen genau wie die von unserem kleinen Davey hier.« Jetzt scherzte sie. »Er wird mal ein Weiberheld werden, meinst du nicht auch, Davey?«

»Sei bloß still«, sagte er.

»Guckt mal, jetzt hab' ich ihn zum Rotwerden gebracht. Aber es stimmt, schöne, große Augen hast du.«

»Und ich?« fragte Jack.

»Du? Du bist bei weitem zu frech. Deine sind boshaft«, und damit drehte sie sich um und machte die Schranktür auf. »So, da hängt ihr eure Kleider hin. Es ist massenhaft Platz.«

»Riecht nach Mottenkugeln«, sagte Jack, »und er sieht aus, als würde er schon benutzt.«

»Es ist nur ein einziger alter Anzug«, sagte sie. »Ihr drei seht mir nicht danach aus, als bräuchtet ihr viel Platz.«

»Wem gehört der Anzug?«

Pauline drehte sich zu ihnen um. »Er gehört Mr. Prosser, und ich will nicht, daß ihr ein Sterbenswörtchen darüber verlauten laßt, keiner von euch, sonst feuert sie mich, das ist so klar wie der hellichte Tag. Als er starb, mußte ich alles wegwerfen. Komplett. Alles, aber auch alles, was ihm gehörte. Ich glaube nicht, daß sie ihn jemals haben wollte – ihn nicht, keine Kinder, gar nichts. Sie will nur die große Dame spielen, damit das ganze Dorf denkt, sie sei ’ne verdammte Königin.«

»Und wer flucht jetzt?«

Pauline war rot geworden. »Tja, die bringt einen dazu. Aber ich wollte nicht, daß alles nach ihrem Kopf geht, solange ich was damit zu schaffen hab’. Also hab’ ich seinen Anzug behalten, den alten, den er täglich trug. In den Taschen waren immer Süßigkeiten für uns Kinder aus dem Dorf.« Sie wandte sich wieder dem offenen Kleiderschrank zu. »Sowieso ist es immer noch sein Haus, und er hat ein Recht darauf, hier zu sein.«

Sie griff hinein, um den Kleiderbügel auf der Stange zu verrücken, und dabei schwenkte der Anzug herum, so daß ihnen der Jackenrücken zugewandt hing. Breit war er und ingwerfarben. David sah ihn nicht zum ersten Mal.

Die Dorfschule war kleiner als die, an die sie gewöhnt waren, aber wesentlich anders war sie nicht. Der Koksofen verbreitete die gleichen atemlosen Dämpfe, und die Kreide für die Wandtafel erzeugte den gleichen trockenen Geschmack auf der Zunge. Jack fand neue Freunde, mit denen er sich auf dem Schulhof prügelte; Alec spürte die Kälte, als sich der Winter näherte, und David versuchte, mit den beiden Älteren mitzuhalten und kein Heimweh zu haben, aber der Schmerz ließ ihn kaum einmal los.

Mrs. Prosser sahen sie fast nie. Dafür sorgte sie. Jeden Tag kam eine Frau aus dem Dorf herauf, um Mrs. Prossers Mittagessen zu kochen, aber die Jungen mußten in der Schule bleiben und die belegten Brote essen, die Pauline für sie richtete. Und bis die Schule aus war und sie den Hügel hochkletterten und um die Ecke bogen, war das Haus schon trostlos und dunkel und für die Nacht geschlossen. Nur die Küche nicht. Die Vordertür durften sie nicht benutzen; dazu hätten sie auch gar keine Lust gehabt, denn um in die Küche zu kommen, war es einfacher, man ging durch den Hinterhof. Und sie wußten, in der Küche würde noch das Feuer brennen, und Pauline würde auf sie warten. David fand immer, daß es war, als käme man aus dem Dunkel in eine geheime Nesthöhle, wenn er das gelbe Licht der Petroleumlampe in der Mitte des Tisches sah, das auf den für sie hingestellten Tellern schimmerte und in dem man den Dampf erkennen konnte, der aus dem Kessel auf der Herdplatte kräuselte.

»Was Heißes«, sagte Pauline. »Das braucht man, wenn die Tage kürzer werden.« Gewöhnlich war es Suppe. »Ich bin nicht gerade Weltmeister im Kochen«, sagte sie, aber sie röstete Kartoffeln am Rand des Feuers und brachte Brot, das ihre Mutter gebacken und hochgeschickt hatte, weil sie »den Gedanken nicht ertragen konnte, daß die jungen Bürschchen mit leerem Magen ins Bett gehen müssen«.

Es war der schönste Teil des Tages. In der Küche wohnten sie, und nach und nach hatten sie das Gefühl, als wären sie schon immer hier gewesen. Die beiden Größeren versuchten, sie zu ihrer eigenen zu machen. Ganz gelang es ihnen nie.

Sie waren noch nicht lange da, als Jack eines Abends sagte: »Wo ist das Radio? Das mag ich, wenn ich zu Hause bin.«

Pauline schüttelte den Kopf. »Hier gibt es doch keine Elektrizität, und die Missus würde sowieso im Haus keines dulden.«

»Was treibt sie denn dann den ganzen Tag?«

»Sie näht. Macht herrliche Stickarbeiten.«

»Die?« Jack wollte es nicht glauben. »Ich wette, sie fängt Käfer und ißt sie auf.«

Pauline lachte, aber sie brachte ihn zum Schweigen und warf einen Blick in Richtung der Tür, die zur Halle führte. »Man weiß nie, wo sie gerade steckt«, flüsterte sie. »Sie bewegt sich so leise.«

Die meisten Abende veranstalteten sie ziemlich viel Krach; sie spielten Mensch-ärgere-dich-nicht, das Pauline von zu Hause mitgebracht hatte, oder sie zeichneten, vor allem David, und manchmal las ihnen Pauline vor, meist Geschichten von Mord und Liebe aus kleinen Büchern mit grauen Seiten, die sie ins Haus schmuggelte.

Aber gegen sieben bestand das Feuer nur noch aus ein paar rotglühenden Kohlen im Kamin, und es wurde Zeit, daß Pauline nach Hause und die Jungen ins Bett gingen. Jeden Abend zündete sie eine Kerze an und ging vor ihnen her in die dunkle Halle. Sie bewegten sich leise in dem stillen Haus, denn Stiefel waren verboten, und die Jungen liefen auf Socken. Immer gab es ein Geschubse, weil keiner der Letzte sein wollte, wenn die Dunkelheit treppaufwärts hinter ihnen herschlich, und jedesmal war David der Verlierer, bis Pauline sah, was vor sich ging, und entweder Jack oder Alec zwang, neben ihm zu gehen – für den Fall, daß er stolperte, wie sie sagte.

Trotzdem umdrängte sie der große, flüsternde Treppenschacht, und das bißchen Licht machte, daß sich hohe Schatten gegen Wände und Türen lehnten und auf den Treppenabsätzen über ihnen auf sie warteten.

»Beeilt euch«, sagte Pauline immer, wenn sie den Kerzenhalter auf den Boden stellte und sie alleine ließ, während sie sich auszogen. Sobald sie im Bett lagen, mußte sie wiederkommen und die Kerze mitnehmen, weil Mrs. Prosser nicht gestattete, daß die Jungen sie dabehielten. David war ungeschickt mit seinen Kleidern, und oft mußte Pauline ihm helfen, seine Schlafanzugjacke anzuziehen, aber das gab ihr Gelegenheit, ihn zuzudecken, was sie am liebsten jeden Tag getan hätte, weil er so klein und verloren wirkte.

»Schlaft gut.« Sie pflegte noch einen letzten Blick durchs Zimmer zu werfen, und dann sahen sie die Lichtritzen rings um die Tür verschwinden, während ihre Schritte die bloßen Stufen hinunterklapperten.

Sie kuschelten sich unter ihre Decken und sprachen im Dunkeln über zu Hause. David hörte zu. Er sagte nie viel, aber während die beiden anderen redeten, ging er mit ihnen von dem Laternenpfahl, wo sie sich abends immer trafen, bevor die Verdunkelung kam, durch die Straße bis dorthin, wo er seine Mutter warten sah. Und dann merkte er, daß seine Augen naß waren und sein Kissen feucht, und er rollte sich noch fester zusammen und zerknüllte eine Ecke des Lakens, bis er die Gestalt des schlaffen Spielzeughunds hatte, den er zu Hause mit ins Bett nahm. Ihn mitzubringen, hatte er nicht gewagt.

Eines Abends schlief er schon fast, als Alec in die Dunkelheit sagte: »Ich hätte absolut keine Lust, hier alleingelassen zu werden. Ich wette, es gibt Gespenster.«

»Sei doch kein Idiot«, sagte Jack. »Wer braucht schon Gespenster, wenn wir die da unten haben?«

»Aber ich möchte wetten, daß es welche gibt. Ich wette, David denkt, daß es welche gibt.«

Sie fragten ihn. Er hörte sie kaum, weil er das Laken an den Lippen hatte und weit weg war mit seinen Gedanken. Alec ließ nicht locker. »Gibt es Gespenster hier im Haus, David?«

»Weiß ich nicht«, sagte er, aber ganz verschwommen tauchte das Bild des Mannes auf dem Treppenabsatz vor ihm auf. Er ließ es verblassen. Es lag zu weit zurück und war zu undeutlich, außerdem wollte er die Qualen jenes Tages nicht wiederholen. »Ich weiß nicht.«

»Du bist ein hoffnungsloser Fall, also wirklich. Aber wie auch immer«, Alec drehte sich geräuschvoll um, »mich würde nichts dazu kriegen, alleine hierzubleiben.«

»Mich auch nicht«, sagte Jack. »Nie im Leben.«

In wenigen Tagen war Weihnachten, und es sorgte für eine Aufregung, die nichts zu tun hatte mit Paketen und Geschenken. Aus Newcastle kamen Weihnachtskarten, in denen Briefe steckten, und darin schrieben die Mütter, da schon seit einiger Zeit keine Luftangriffe mehr stattgefunden hätten, könnten sie gefahrlos für ein paar Tage nach Hause kommen. Jedermanns Backen schienen von der gleichen guten Nachricht zu glühen.

»Und mein Dad ist auf Urlaub«, rief Jack in der Küche. »Mensch, das wird sagenhaft!«

Alec bekam einen Brief, in dem stand, er solle mit demselben Bus kommen wie Jack, bloß Davids Brief ließ auf sich warten. Es war der Tag vor Heiligabend, und Jack und Alec hatten schon alles für ihre Abreise an diesem Nachmittag gepackt, als die Post mit Davids Brief eintraf. Sie umringten ihn alle, um zu erfahren, wann er fuhr.

Später erzählte Pauline ihrer Mutter, was geschehen war.

»Seine kleinen Finger waren so tolpatschig, daß er den Brief kaum aus dem Umschlag kriegte. Manchmal sieht er wirklich aus wie ein Baby. Und da waren der Brief und eine Postanweisung. »Das wird für deine Heimfahrt sein«, sagte einer der beiden anderen, aber Davey las, was seine Mutter geschrieben hatte. So ein Gesicht wie seins hab' ich noch nie gesehen. Es war ein wunderschöner Brief, ich hab' ihn gelesen, aber seine Mam schrieb ihm, sie fände es zu gefährlich, und er solle nun doch nicht nach Hause kommen. Ich mußte mich wegdrehn. So was wie den Ausdruck, der in den Augen des kleinen Bürschchens lag, will ich nie wieder sehen.«

David weinte nicht. Jack, der ihn genau beobachtete, sagte: »Du bist ein guter Kerl, Davey«, und dann flüsterte er mit Alec in der Ecke, und Pauline hörte Münzen klimpern. Als sie ihre Mäntel und Stiefel anzogen und heimlich nach draußen gingen, war Pauline klar, daß sie hinunter wollten in den Laden, um ihm ein Geschenk zu kaufen, bevor ihr Bus fuhr. Mehr konnten sie nicht tun, um ihn aufzumuntern.

Weil sie verhindern wollte, daß ihr wieder die Tränen in die Augen stiegen, sagte Pauline: »Das ist aber eine hübsche Karte, die dir deine Mutter geschickt hat, Davey. Ein schönes, kleines Rotkehlchen.« Er nickte. Eine winzige Karte war es, sehr klein wie seine Mutter. »Aber ich glaube nicht, daß *du* ihr eine geschickt hast.«

»Doch.«

»Aber keine ordentliche. Keine selbstgemachte. So eine blöde gekaufte Karte kann jeder schicken.«

Daß er gern zeichnete, war ihr klar. »Weißt du was?« sagte sie und führte ihn zum Fenster. »Siehst du den alten Baum hinterm Hof? Da hängen immer noch wunderschöne Blätter dran, ganz in Rot und Gelb. Geh doch welche holen, während ich dir ein großes Blatt Papier besorge und Mehlpapp mache, dann kannst du sie auf dein Bild kleben und es deiner Mam schicken. Es ist noch Zeit; Heiligabend ist erst morgen.«

Sie sah ihm zu, wie er den Hof überquerte, dann glättete sie ihr Kleid und biß sich auf die Lippen. Sein Brief enthielt auch schlechte Nachrichten für sie, und die Glocke, die plötzlich klingelte, bedeutete, daß sie sich der Sache stellen mußte.

Mrs. Prossers spärliche Weihnachtskarten gehörten zu der düsteren Sorte. Sie standen zwischen den schwarzen Ziergegenständen auf dem Kaminsims, um daran zu erinnern, daß Weihnachten in der Mitte des Winters lag und kalt war und unfreundlich. Pauline spürte die Kälte, die von ihnen ausging, während sie Mrs. Prosser erklärte, daß nicht alle Jungen über die Feiertage wegfuhren.

»Wieso nicht? Ist denn seine Mutter vollkommen gefühllos?« Die dünne Stimme wartete keine Erklärung ab. »Solche Leute dürften niemals Kinder haben. Sie können es nicht erwarten, sie anderen aufzuhalsen.« Mit einer Handbewegung entließ sie Pauline. »Sorg dafür, daß die anderen beiden fertig werden. Ich kann es kaum erwarten, sie von hinten zu sehen.«

Pauline floh. Für die nächste Stunde herrschte ein reges Treiben, und nachdem ihr Jack und Alec Davids Geschenk überreicht hatten, damit sie es versteckte, ging sie mit ihnen ins Dorf hinunter, so daß sie auch bestimmt ihren Bus nicht verpaßten.

David war allein in der Küche. Jetzt konnte er nur noch so tun als ob. Er tat so, als führe er heim und müsse sich beeilen, die große Weihnachtskarte fertigzukriegen, die er gerade für seine Mutter machte. Er zeichnete auf dem Blatt, das ihm Pauline gegeben hatte, als er hörte, wie sich die Tür öffnete, die von der Halle hereinführte. Er wollte nicht aufsehen, doch langsam hob er die Augen. Da stand Mrs. Prosser. Sie hatte ihre Affenfinger vor dem schwarzen Kleid ineinander verschlungen.

Einen langen Augenblick rührte sich keiner der beiden, dann fauchte ihn ihre Stimme an: »Steh auf, wenn eine Dame das Zimmer betritt!« Sie kam so gleichmäßig vorwärts gerauscht, daß es aussah, als habe sie keine Beine unter ihrem langen Kleid. »Du bist also derjenige, der hierbleiben wird.« Er sah, daß sie bläuliche Bläschen auf den Lippen hatte. »Vermutlich erwartet deine Mutter, daß ich dein Weihnachtsessen liefere. Da hat sie sich aber geirrt!« Ihr Atem zischte, als sie ihn einsaugte. »In diesem Haus wird kein heidnisches Fest gefeiert. Kein Weihnachtsessen, also erwarte auch keins. Was die sich denkt!«

Zutiefst entrüstet drehte sie sich weg, doch dann hielt sie plötzlich inne. Das Kinn hatte sie so fest angedrückt, daß es ein Teil ihres Halses zu sein schien, und sie sah auf den Tisch hinunter. »Was, um alles in der Welt, ist denn das?«

Mit den roten Blättern vor sich ausgebreitet, sah sich David zum ersten Mal einer Frage gegenüber, die er beantworten konnte. »Ich werde sie auf ein Bild kleben für meine Mam.«

Seine Stimme war nicht mehr als ein Flüstern, und ebenso leise war das, was Mrs. Prosser tat. Sie beugte sich vor und streifte die Blätter in eine knochige Hand, zerknüllte sie wie Abfallpapier und warf sie hinten ins Feuer.

»Deine Mutter kann mir gestohlen bleiben!« sagte sie. »Ich lasse es nicht zu, daß meine Küche in ein Newcastler Elendsquartier verwandelt wird.« Die Tür knallte zu.

Als Pauline zurückkam, lag Davids Bild ebenfalls im Feuer.

»Ich hatte keine Lust«, sagte er. Er hätte gern geweint, aber er wagte es nicht, und sie stellte keine Fragen.

Sie gab ihm all seine Lieblingsgerichte zum Abendbrot, blieb lange bei ihm, und als er im Bett lag, las sie ihm eine

Geschichte vor. Das hatte sie nie getan, solange die anderen beiden dagewesen waren.

Als sie ihn zudeckte, flüsterte sie: »Ich laß dir die Kerze da, Davey, aber verrat der Missus nichts.«

An der Tür drehte sie sich um und lächelte ihn an, dann klappte der Riegel herunter. Er hörte ihre Schritte auf der Treppe, eine weitere Tür ging auf und wieder zu, und dann war er von einer so tiefen Stille umgeben, daß ihm war, als könne er das Flattern der Kerzenflamme hören.

Er lag, wie sie ihn zurückgelassen hatte, auf der Seite zusammengerollt und mit dem Blick auf Alecs leeres Bett. Jacks Bett hinter ihm würde ebenso sein – flach und leer. Er war allein in dem langen Zimmer, und die frostige Nacht kroch herein und ließ die Kerzenflamme erstarren – so glatt und ebenmäßig wie eine Mandel war sie jetzt. Kein Laut, und die ganze Leere in seinem Rücken.

Er drehte den Kopf auf dem Kissen, bis er den Kleiderschrank vor der Wand aufragen sah. Von dort, wo er lag, waren die langen Spiegel in den Türen dunkel, aber die hölzernen Pfeiler zu beiden Seiten schimmerten im Licht der Kerzenflamme, als bewachten sie ein gähnendes Tor.

Dann rührte sich etwas tief darin, und gleichzeitig zerrte ihn eine Stimme herum, die fast neben ihm sprach. Die Tür zur Treppe war offen, und im Zimmer stand die hochgewachsene Gestalt von Mrs. Prosser. Lautlos. Es war ihr Abbild, das er im Spiegel gesehen hatte.

»Wußte ich's doch!« Ihre Stimme war so bitter wie die eisige Luft, während sie zum Fußende seines Bettes rauschte und auf die Kerze deutete. »Wer hat dir die gegeben?«

Er bekam kein einziges Wort heraus. Von seinem Kissen sah er hoch zu ihr. Die blauen Flecken auf ihren Lippen waren schwarz im Kerzenlicht.

»Soll ich die ganze Nacht auf eine Antwort warten?«

Als die deutende Hand plötzlich zur Faust wurde, rollte er sich zu einer Kugel und machte sich darauf gefaßt, daß sie zuschlagen würde. Aber der Schlag blieb aus. Ihre Hand sank herab, und etwas, das möglicherweise ein Lächeln war, verschob die Falten in ihrem Gesicht. Sogar ihre Stimme wurde weicher.

»Aber vermutlich bist du nicht gern allein, habe ich recht, Schatz?« Er schüttelte den Kopf. »Und vermutlich hast du Angst vor der Dunkelheit.« Er nickte. »Große, große Angst, denke ich mir.«

Er sah, wie sich die Falten an ihren Mundwinkeln vertieften, und jetzt lächelte sie, kein Zweifel. »Immerhin«, sagte sie, »ist ja fast Weihnachten.«

Er versuchte, ebenfalls zu lächeln.

»Nun«, sagte sie mit immer noch sanfter Stimme, »du weißt, daß du eine Tracht Prügel verdienst, nicht wahr?« Sie wartete, bis er nickte. Er kam nicht darum herum. »In Wirklichkeit verdienst du etwas Schlimmeres als eine Tracht Prügel.« Ihre Stimme wurde lauter. »Und etwas Schlimmeres als eine Tracht Prügel sollst du kriegen!«

Während sie sprach, schnappte sie die Kerze und wandte sich zur Tür. »Du wirst die ganze Nacht und den ganzen morgigen Tag hier in diesem Zimmer verbringen, bis ich dir sage, daß du herauskommen kannst!«

Die Flamme wehte vor ihr und neigte sich, als sie nach draußen rauschte. Die Tür schloß sich mit einem Knall, und dann die nächste, aber noch bevor er sie laut zufallen hörte, hatte er schon nach seiner Decke getastet, kauerte sich zusammen und zog sie um sich.

Er hörte sich selbst schluchzen, aber das Echo machte das schwarze Zimmer noch leerer, also unterdrückte er den Laut. Sein Bettzeug kam ihm klamm vor, als wäre es niemals dafür gedacht gewesen, über einem lebenden Wesen zu liegen, und sein Schaudern ließ das eiserne Bettgestell leise Geräusche von sich geben wie von Käferfüßen, bis er seine Knie mit den Armen umklammerte und das Zittern unter Kontrolle brachte.

Auf dem Hügel hinter dem Haus hörte er kurz einen Nachtvogel kreischen, dann wurde auch das von der Stille der Nacht geschluckt, und er nahm nicht mehr das leiseste Geräusch wahr. Nicht einmal den Klang seines eigenen Atems konnte er hören, doch während seine Augen in die Dunkelheit starrten und die Stille im Zimmer dichter wurde, sah er nach und nach den Umriß des Fensters vor den Sternen.

Genau in diesem Augenblick hörte er, wie sich in der Ecke jenseits vom Fußende des Bettes etwas rührte. Seine Knochen waren starr, so kalt wie Eisen. Regungslos kauerte er in seinem eigenen Klammergriff.

Stille. Der Atem kroch ihm in den Mund. Dann kam das Geräusch wieder. Seine Augen waren so weit aufgerissen wie die einer Eule, und er sah im Sternenlicht, wie sich seufzend die Schranktür öffnete.

Er machte einen Satz über das leere Bett nebenan, und seine Füße waren auf dem kalten Linoleumboden, während er nach dem Türverschluß tastete. Der Riegel klemmte seine Finger ein, aber jetzt war die Tür auf, und er stürzte in die Schwärze der Treppe. Sein Fuß verfehlte die Stufe. Er packte nach dem Geländer, doch griff er daneben und fiel, drehte sich in der auf ihn zukommenden Dunkelheit, bis er mit Schultern und Rücken gegen die Tür am Fuß der Treppe krachte. Der Riegel brach auf, und er flog hinaus auf die bloßen Bodenbretter des Treppenabsatzes.

Weiter unter war ein Lichtschimmer. Mrs. Prosser war stehengeblieben und sah herauf. Ihr Gesicht stoppte ihn. Die Kerze, funkelnd wie ein Stern, machte ihren Mund zu einem erbarmungslosen Schatten und ihre Augen zu zwei dunklen Gruben. Aber er mußte hinunter, um dem zu entkommen, das die Schranktür aufgestoßen hatte, was es auch immer war. Doch es war zu spät. Etwas Großes und Dunkles kam hinter ihm durch die aufgebrochene Tür und streifte an ihm vorbei. Er konnte es vor der weißgetünchten Wand sehen; es hatte die Gestalt eines Mannes, und es versperrte ihm den Weg.

David wich zurück. Er war nur noch eine Handvoll Angst, als der Mann auf ihn herabsah. In dem schwachen Licht, das von unten herauffiel, war das Gesicht kaum erkennbar. Es war nicht mehr als ein verschwommener Fleck aus dickem Schnurrbart und Augenbrauen, die einen tiefen Schatten über die Augen warfen, aber David spürte den Blick, und sein Blut floß langsamer, und die Stille erstarrte, bis es schien, als würde sich nie mehr etwas rühren.

Da wandte die Gestalt sich ab. David sah ihr zu, wie sie hinunterzugehen begann. Ihre Schritte wirkten schwer, doch war kein einziger Ton zu hören. Das Treppenhaus war eine Säule der Stille, in der schwach der Funken der Kerze glimmte. Mrs. Prossers Kopf war immer noch nach oben gereckt. Sie sah, was da kam, und die Kerze zitterte, aber sie rührte sich nicht. Die Furcht hielt sie regungslos, bis es zu spät war.

Die Gestalt des Mannes war nur noch zwei Stufen über ihr, als sie in plötzlich auflodernder panischer Angst mit der Kerze nach ihm stieß, als wolle sie ihn aus der Luft brennen. Aber seine große Hand griff zu und schloß sich über ihrer. In diesem Moment schrie sie und begann zu kämpfen. Sie konnte sich nicht retten. Die Kerze flammte auf, fiel und verlosch.

Dunkelheit verschlang das ganze Treppenhaus. David rannte in sie hinein und hinunter, ließ die Hand am Geländer entlangrutschen. Nichts würde ihn dazu bringen, allein oben im Haus zu bleiben. Er hörte Mrs. Prosser fallen. Sie schrie nicht; sie stöhnte nicht einmal. Er hörte das dumpfe

Aufschlagen ihrer Arme, ihrer Hüften und ihres Kopfes auf den Stufen, ein leises Gleiten, dann Stille.

Er erinnerte sich, daß er mit der Fußsohle auf etwas Warmes trat, das darunter nachgab, aber dann war er darüber hinweg und raste auf dem kalten Küchenboden zur Hintertür.

Am nächsten Tag kam seine Mutter. Nicht, um ihn zu holen, sondern um die Nacht und die nächste über Weihnachten bei ihm zu bleiben. Sie waren in Paulines Haus unten im Dorf, mit dem Fluß vor der Tür, wo ihn Pauline auf dem Eis stehend gefunden hatte.

»Ich weiß nicht, wie wir Ihnen jemals danken sollen«, sagte seine Mutter zum zehnten Mal. Sie war immer noch befangen und saß kerzengerade in dem Sessel am großen Feuer, während Pauline geschäftig hin und her eilte und den Tee servierte. »Es war so ein schrecklicher Schock, als ich Ihre Nachricht erhielt.«

Paulines Mutter, rundwangig wie ihre Tochter, lächelte. »Jetzt beruhigen Sie sich mal. Davey bleibt von jetzt an bei uns. Er könnte ja wohl kaum dorthin zurückkehren, oder?«

Die beiden Frauen sahen sich an. Sie verstanden sich. In der Wärme des Feuers und während das Lametta am Weihnachtsbaum neben ihm zitterte, beugte David seinen Kopf über den Zeichenblock auf seinen Knien und tat so, als höre er nicht zu, als alle drei die Stimmen senkten.

»Armes Wesen. Was für eine schreckliche Art zu sterben.«

»Und dieser kleine Kerl ganz allein im Haus. Er hat nicht viel gesagt darüber, und ich mag nicht fragen.«

Pauline warf ihm einen Blick zu, und er begann vor sich hin zu summen und beugte sich tiefer über seine Zeichnung. Sie drehte ihm den Rücken zu und senkte ihre Stimme noch weiter. »Sie muß oben gewesen sein in seinem

Zimmer. Bestimmt. Einer der Jungen muß ihr erzählt haben, was da oben ist, weil sie es nämlich bei sich hatte, als wir sie am Fuß der Treppe fanden. Es muß das letzte gewesen sein, was sie sah, bevor sie starb.«

Davids Mutter begriff nicht.

»Mr. Prossers alter Anzug«, sagte Pauline. »Er war um sie gewickelt. Fest. Wirklich fest.«

Auf Davids Bild war ein Haus, das im Schnee stand, und man konnte das Licht eines Feuers durch die Fenster sehen. Er würde es morgen früh seiner Mutter schenken.

LANCE SALWAY
Mandy kiss Mommy

Das Geschenk kam an einem Samstagmorgen an. Ich weiß, daß es Samstag war, weil wir alle gemeinsam in der Küche frühstückten, als es an der Tür klingelte. Wäre es ein Wochentag gewesen, hätten wir überhaupt nicht dagesessen. Jedenfalls nicht gleichzeitig. Frühstück an Wochentagen bedeutete gewöhnlich hastig hinuntergewürgtes Müsli und Toast, während wir gleichzeitig verlorengegangene Turnschuhe und die Schularbeiten vom Abend zuvor suchten. Mutter aß wochentags überhaupt nichts zum Frühstück, und Dad ging immer um sieben aus dem Haus, lange bevor wir anderen aufstanden. Samstags aber setzten wir uns alle hin und frühstückten gemeinsam. Und deshalb weiß ich noch, daß das Geschenk an einem Samstagmorgen kam. Am Morgen vor Mandys zehntem Geburtstag.

Als es an der Tür klingelte, sprang Mandy auf. »Der Postbote«, sagte sie. »Ich gehe hin.«

Als sie in den Flur verschwand, lächelten sich meine Eltern an. »Unmöglich, daß noch mehr Geschenke kommen!« sagte Dad.

Ich verstand, was er meinte. Auf dem Küchentisch flogen schon überall zerrissenes Geschenkpapier und Geburtstagskarten herum, Bücher und Schallplatten und die formlosen Stricksachen, die unsere Großmutter immer bei besonderen Anlässen schickte. Ich hatte Mandy Geld gegeben, denn ein solches Geschenk machte ihr mehr Freude als alles andere. Natürlich hatte ich ihr nicht *viel* gegeben, weil ich nicht viel zu geben *hatte*, aber sogar ein Pfund war besser als gar nichts. Mandy war ein Raffzahn. Sie sammelte Geld, so wie andere Leute Briefmarken und Streichholzschachtelaufkleber sammeln. Außerdem sammelte sie tote Käfer.

Meine Mutter stand auf. »Komm, Jennifer«, sagte sie. »Hilf mir den Tisch abräumen, ja?«

Aber da kam Mandy wieder in die Küche gerannt, und wir drehten uns statt dessen zu ihr um. Sie trug ein großes, in Packpapier eingewickeltes Paket, und ihre Augen leuchteten vor Aufregung. »Es ist gekommen!« verkündete sie. »Abigails Geschenk. Ich wußte, daß sie es nicht vergessen würde, ich wußte es!«

Meine Mutter setzte sich wieder. »Nein«, sagte sie mit einer Stimme, die so kalt war wie Stein. »Nein, Abigail vergißt es nie.«

Jetzt herrschte unbehagliche Stille, denn wir alle wußten, daß meine Mutter Abigail nicht mochte. Doch daraus konnte man ihr kaum einen Vorwurf machen; Abigail war einmal mit meinem Vater verheiratet gewesen.

Natürlich war das vor langer Zeit. Bevor ich zur Welt kam. Mein Vater und Abigail hatten sich beim Studium an der Universtiät kennengelernt. Er hatte sich Hals über Kopf verliebt, zumindest behauptete er das, denn Abigail war dunkel, witzig und Amerikanerin. Dad war schüchtern, gescheit und sehr englisch, also hätten sie nicht unterschiedlicher sein können, was ihren Charakter betraf. Vielleicht lag es daran, daß ihre Ehe nur zwei Jahre hielt. Abigail kehrte nach Massachusetts zurück, als sie erfuhr, daß mein Dad meine Mutter heiraten wollte, und damit hätte die Angelegenheit eigentlich beendet sein sollen. Aber Abigail und Dad blieben in Verbindung, und als ich geboren wurde und Mandy drei Jahre später folgte, begann sie, uns an Weihnachten und zu unseren Geburtstagen Geschenke zu schicken. Dad sagte oft, Abigail betrachte uns als ihre eigene Familie, doch meine Mutter lachte immer zornig, wenn sie das hörte, und sagte, Abigail hätte sich eigene Kinder anschaffen sollen, wenn sie so dringend welche haben wollte; sie hätte nicht das Recht, sich uns aufzudrängen.

Aber Abigail drängte sich uns nicht auf. Wir hatten sie noch nie gesehen. Ich glaube, sie und meine Mutter trafen sich mal, als Abigail zu einem Forschungsurlaub nach England kam, aber meine Mutter weigerte sich, darüber zu reden, und ich glaube nicht, daß sie sich sonderlich gut vertrugen.

Alles, was Mandy und ich von Abigail kannten, waren die großen, geheimnisvollen Pakete, die pünktlich zu unseren Geburtstagen kamen und den Poststempel *Salem, Mass.* trugen.

Abigails Geschenke waren immer aufregend und immer ungewöhnlich. Einmal schickte sie mir ein Stück indische Seide, bestickt mit winzigen Spiegeln, und einen aus Jade geschnitzten Elefanten. Dann kam ein riesiger chinesischer Drachen in der Gestalt eines Fisches, zusammen mit einer römischen Münze und einem Strohhut aus Tahiti, gesäumt von Muschelschalen. Wann immer ein Paket eintraf, sahen wir staunend zu, wie ein außergewöhnlicher Gegenstand nach dem anderen aus seiner Packpapierumhüllung auftauchte wie ein exotischer Schmetterling aus seinem Kokon. Einmal schickte sie an Weihnachten eine Schachtel mit alten Valentinsgrußkarten, die geschmückt waren mit eingeprägten goldenen Amoretten, mit Spitze, Perlen und künstlichen Blumen. Mein letztes Geburtstagspaket enthielt einen Fächer aus Straußenfedern und einen aus Ägypten stammenden aufziehbaren Affen, der Banjo spielte. Einmal hatte sie einen echten Schrumpfkopf aus Ecuador geschickt. Die Geschenke waren seltsam und wunderschön, wie Abigail selbst, aber mir war unbehaglich dabei. Sie wirkten unpassend in unserem normalen Haus, wie Orchideen, die auf einem Kohlbeet blühen. Und etwas Bedrohliches, das ich nicht erklären konnte, umgab sie. Irgendwie hatten sie etwas Giftiges an sich.

Nur meine Mutter schien meine Bedenken zu teilen, aber ich glaube, ihr mißfielen die Geschenke aus ganz anderen Gründen. Sie pflegte sich mit einem ärgerlichen Stirnrunzeln und einer wegwerfenden Handbewegung von ihnen abzuwenden. »Warum wirft Abigail Jahr für Jahr ihr Geld zum Fenster hinaus?« sagte sie bitter. »Warum kann sie uns nicht in Ruhe lassen?«

Dann lachte Dad nervös und sagte: »Was macht das denn schon? Sie versucht lediglich, nett zu sein. Und außerdem kann sie sich's leisten. Ihrer Familie gehört halb Massachusetts.«

Und meine Mutter schnaubte und machte ein wenig überzeugtes Gesicht.

Jetzt bagann sie den Tisch abzuräumen, während Mandy ihr Paket öffnete.

»Laß mich mal, Mandy«, sagte Dad nach einem Weilchen. »Du hast ja zwei linke Hände.«

»Ich bin gespannt, was es diesmal ist!« sagte Mandy, zitternd vor Aufregung.

»Wieder so ein ausländischer Krempel, vermutlich«, knurrte meine Mutter aus der Speisekammer.

Mandy und ich sahen schweigend zu, wie Dad den letzten Rest des Packpapiers entfernte, unter dem ein großer Karton zutage trat.

»Jetzt übernimmst du, Mandy«, sagte er. »Immerhin ist es ja dein Geschenk.« Er schob den Karton in ihre Richtung.

Mandy machte ihn vorsichtig auf und starrte hinein. Wir sahen ihr alle zu und warteten auf das staunende und entzückte Lächeln, mit dem wir mittlerweile immer rechneten. Aber diesmal lächelte Mandy nicht. Statt dessen fiel ihr vor Überraschung der Unterkiefer herunter.

»Was ist es?« fragte ich eindringlich. »Was *ist* es?«

Mandys Stimme war ausdruckslos vor Enttäuschung. »Eine Puppe. Sie hat mir eine ganz normale, blöde Puppe geschickt.«

»Unmöglich. Laß sehen.«

Mandy hatte recht. Im Karton war tatsächlich eine Puppe. Es war aber keine von der Art, wie Abigail sie in der Vergangenheit geschickt hatte: antike viktorianische Puppen mit zarten Porzellangesichtern und kunstvoller Spitzenunterwäsche, oder finstere Altweiberpuppen aus getrockneten Äpfeln. Das hier war eine große, mondgesichtige Puppe mit glänzendem, schwarzem Haar und Augen, die auf und zu gingen, einem roten Kußmund und einem rosa Rüschenkleid. An einer der rundlichen Plastikhände hing ein Anhänger, auf dem stand: »Hallo! Ich heiße Mandy. Willst du meine Mommy sein?«

Ich traute meinen Augen kaum. Wir starrten die Puppe in entsetztem Schweigen an, bis meine Mutter, verwirrt von unserer Reaktion, herkam, um selbst einen Blick in den Karton zu werfen.

»Ich kann es nicht *glauben*!« sagte sie. »Die ist ja *grauenhaft*. So etwas Häßliches habe ich in meinem ganzen Leben noch nicht gesehen.« Und sie begann zu lachen, ein schrilles Lachen der reinsten Freude.

»Ich finde es überhaupt nicht komisch!« sagte Mandy unglücklich. »Sie hat mir eine *Puppe* geschickt. Ich bin zu alt für Puppen. Sie ist scheußlich. Ich hasse sie! Ich hasse sie!«

Meine Mutter hörte auf zu lachen und sagte: »Vielleicht soll es ein Witz sein. Das kann Abigail doch bestimmt nicht ernst gemeint haben. Normalerweise sind ihre Geschenke so – so *protzig*. Und diese Puppe ist – na ja, das ist der reinste Schund, oder?«

»Oh, ich weiß nicht«, murmelte Dad verteidigend. »So schlimm ist sie auch wieder nicht.«

»Doch, ist sie«, beharrte meine Mutter. »Es wird uns nichts anderes übrigbleiben, wir müssen sie weggeben.«

Mandy warf ihr einen scharfen Blick zu. »Wie meinst du das?«

»Wir geben sie weg«, erklärte meine Mutter. »An einen Basar. Oder an OXFAM*. Irgendwem gefällt sie ja vielleicht. Obwohl«, sie stieß ein rauhes Lachen aus, »ich mir nicht vorstellen kann, wem.«

»Nein!« schrie Mandy. »Nein, das dürft ihr nicht!«

Wir waren alle verblüfft über ihre plötzliche Wut.

»Was willst du damit sagen, Liebes?« fragte meine Mutter nach einem Augenblick des Schweigens. »Du hast doch gesagt, daß dir die Puppe nicht gefällt.«

»Aber sie gehört mir«, sagte Mandy scharf. »Es ist *meine* Puppe. *Ihr* könnt sie nicht weggeben. Sie gehört mir.«

»Sie heißt auch Mandy«, bemerkte ich. »Das steht auf dem Anhänger. Und sie hat schwarze Haare genau wie du.«

---

* gemeinnützige Organisation zur Bekämpfung des Hungers in der Welt

Meine Mutter besah sich den Anhänger. »Also wirklich, wie absurd! ›Willst du meine Mommy sein?‹ Aber dann stammt sie ja doch aus Amerika.«

»Natürlich stammt sie aus Amerika«, sagte mein Vater gereizt. »Abigail ist Amerikanerin. Was erwartest du?«

»Ich erwarte ein bißchen mehr Geschmack«, sagte meine Mutter eisig. Dann drehte sich sich weg. »Mach was du willst mit dem Ding. Es ist mir völlig egal. Solange ich es bloß nicht mehr ansehen muß.«

Unbehagliches Schweigen. Dann hob Mandy die Puppe aus dem Karton. Sie starrte einen Augenblick lang in die großen, schwarzen Augen, und dann lächelte sie. »Ich heiße auch Mandy«, flüsterte sie. Und sie drückte die Puppe an sich.

»Sieh mal«, sagte ich. »Was ist denn das?«

»Was meinst du?« fragte Mandy.

»Da hängt etwas. Auf dem Rücken. Sieht aus wie ein Stück Schnur.«

»Zieh daran, dann wirst du sehen, was passiert«, schlug Dad vor. »Vermutlich setzt es irgendeinen Mechanismus in Gang.«

Mandy zog an der kurzen Kordel, die hinten am rosa Rüschenkleid der Puppe hing. Nach einem kurzen Augenblick erklang irgendwo tief aus dem Innern der Puppe eine laute blecherne Stimme, eine Stimme, die immer und immer wieder sagte: »Mandy kiss Mommy. Mandy kiss Mommy. Mandy kiss Mommy.«

Wir lauschten fasziniert und gleichzeitig entsetzt, bis die Stimme verklang. Ich wußte nicht, ob ich lachen oder weinen sollte.

Es war meine Mutter, die das Schweigen brach. »Nicht zu glauben«, schnaubte sie. »Habt ihr jemals etwas derart Geschmackloses gesehen? Je schneller du das Ding los wirst, Mandy, desto besser.«

»Nein«, sagte Mandy. »Sie gehört mir. Es ist mein Geschenk. Laß bloß die Finger davon.«

»Red nicht in diesem Ton mit mir, kleines Fräulein«, sagte meine Mutter in entschiedenem Ton. »Wenn so was noch mal vorkommt, gehst du geradewegs in dein Zimmer, ob du nun Geburtstag hast oder nicht.«

»Keine Sorge«, sagte Mandy mit einer Stimme, die so scharf war wie Stahl. »Ich gehe sowieso. Mit meinem Geschenk. Mit meinem Geschenk von Abigail.«

Und damit drehte sie sich um, stolzierte aus der Küche und ließ uns mit offenen Mündern zurück.

In den darauffolgenden Tagen weigerte sich Mandy, sich von der Puppe zu trennen. Sie nahm sie natürlich nicht mit zur Schule, aber sobald sie nach Hause kam, schienen die beiden jede freie Sekunde miteinander zu verbringen. Manchmal stieß ich auf sie, wie sie still auf dem Treppenabsatz oder in einer Ecke des Gartens saßen, und wenn das geschah, hatte ich oft das Gefühl, als hätte ich ein privates Gespräch unterbrochen. Mandy war immer ein freundliches Kind gewesen, und normalerweise wimmelte das Haus von ihren lauten Freundinnen, aber eine nach der anderen blieb weg. Jetzt schien Mandy damit zufrieden, mit ihrer Puppe allein zu bleiben. Und der einzige Laut, den wir aus ihrem Zimmer hörten, war das monotone, metallische Quengeln: »Mandy kiss Mommy. Mandy kiss Mommy. Mandy kiss Mommy.«

»Willst du nicht ein paar Freundinnen für morgen zum Tee einladen?« schlug meine Mutter Mandy eines Morgens vor. »Janey und Kate und Rachel Dingsbums. Und die kleine Robinson. Veronica? Victoria? Virginia?«

»Viola«, sagte Mandy.

»Na ja, wie sie auch immer heißt, lad sie ein. Ich backe einen Kuchen.«

»Ich will nicht«, sagte Mandy. »Ich will sie alle hier nicht haben. Ich *mag* sie nicht.«

Einen Augenblick lang sagte keiner etwas. Dann fragte meine Mutter ruhig: »Warum nicht?«

Mandy sah sie an. »Meine Puppe mag sie nicht. Sie mag sie überhaupt nicht.« Und sie griff nach der Puppe, und wieder schallte die scheußliche blecherne Stimme durch die Küche: »Mandy kiss Mommy. Mandy kiss Mommy. Mandy kiss . . .«

»Schaff dieses Ding von hier weg!« schrie meine Mutter. »Wenn du es nicht tust, tu ich's!«

»Untersteh dich, sie anzurühren!« fauchte Mandy und rannte hinaus.

Als sie weg war, seufzte meine Mutter laut und sagte: »Ich weiß nicht, was in das Kind gefahren ist, wirklich nicht. Es zieht nur noch mit dieser blöden Puppe herum. Eines Tages werde ich . . .« An diesem Punkt fing sie meinen Blick auf und brach ab. ». . . werde ich *irgendwas* unternehmen«, fuhr sie lahm fort. »Eines Tages.«

In dieser Nacht hörte ich, wie meine Eltern wegen Mandy stritten, als ich auf dem Weg zur Toilette an ihrer Tür vorbeikam.

»Es ist krankhaft«, sagte meine Mutter gerade. »Sie verbringt ihre ganze Zeit mit diesem verflixten Ding. Es ist, als – als hätte man eine zusätzliche Person im Haus.«

»Ach, übertreib nicht«, sagte Dad müde.

»Du hast gut reden. Du bist ja kaum mal da. Ich bin es, die mit ihr zurechtkommen muß. Sie hat sich verändert, weißt du. Sie ist ein ganz anderes Kind geworden. Ihr Lehrer sagt es auch.« Jetzt senkte meine Mutter ihre Stimme. »Stell dir vor, manchmal glaube ich, daß sie mit dieser Puppe spricht.«

»Natürlich«, seufzte Dad. »Alle kleinen Mädchen sprechen mit ihren Puppen.«

»Mandy ist kein kleines Mädchen«, gab meine Mutter unwirsch zurück. »Und sie ist schon weit für ihr Alter. Außerdem ist das keine gewöhnliche Puppe. Manchmal denke ich . . .«

»Was?«

»Na ja, manchmal denke ich, daß Mandy von ihr *besessen* ist. Wie von einem Geist.«

Dad begann zu lachen. »Du bist verrückt geworden«, gluckste er. »Total übergeschnappt.«

Jetzt lag Verzweiflung in der Stimme meiner Mutter. »Ich sage dir eins, viel mehr kann ich nicht ertragen. Und wenn ich diese Stimme noch mal höre, weiß ich nicht, was passieren wird.« Sie redete lauter und gab eine schlechte Nachahmung des blechernen Singsangs zum besten: »Mandy kiss Mommy. Mandy kiss Mommy . . .« Dann: »Ich werd's ihr geben mit ihrem ›Mandy kiss Mommy‹. Und was Abigail betrifft . . . die ist an allem schuld. Die und ihre ausgefallenen Geschenke. Weshalb tut sie das? Weshalb?«

»Um Himmels willen, red nicht so laut«, flüsterte mein Vater. »Jennifer ist noch wach. Sie wird dich hören.«

Nun wurden ihre Stimmen leiser, und ich konnte nichts mehr verstehen. Auf dem Rückweg von der Toilette kam ich an Mandys Zimmer vorbei. Die Tür war offen, und ich schielte hinein. Sie schlief fest. Neben ihrem Bett stand auf einem Stuhl die Puppe. Abigails Puppe. Ich starrte sie an, wie hypnotisiert von dem glänzenden Haar, dem strahlenden Lächeln und den dunklen Augen, die im Dämmerlicht funkelten und direkt in meine zu sehen schienen. Und während ich hinschaute, hätte ich schwören können – aber nein, es war nur meine Einbildung. Bestimmt bildete ich mir nur ein, daß sich der große, rote Puppenmund öffnete und zu einem spöttischen Lächeln verzog . . .

Danach war nichts mehr wie früher. Jeden Tag, wenn sie von der Schule heimkam, ging Mandy geradewegs in ihr Zimmer und blieb dort. Meine Mutter lief wie gewöhnlich geschäftig hin und her und tat so, als sei alles in Ordnung, aber ich bin sicher, daß sie wie ich Mandy mit ihrer Puppe in ihrem Zimmer vor sich sah und sich ebenfalls das schimmernde, schwarze Haar, das rosa Plastikgesicht und den blechernen Singsang »Mandy kiss Mommy« vorstellte.

Und dann, etwa eine Woche später, als meine Mutter und ich gerade den Tee richteten, stürmte Mandy in die Küche und knallte die Tür hinter sich zu.

»Was um alles in der . . .« begann meine Mutter.

»Wo ist sie?« schrie Mandy mit wutverzerrtem Gesicht. »Was hast du mit der Puppe gemacht?«

Meine Mutter sah sie ruhig an und sagte: »Ich weiß nicht, wovon du redest. Und wenn du nicht aufhörst zu schreien, schicke ich dich auf der Stelle in dein Zimmer zurück. Ich werde nicht dulden . . .«

»*Wo ist sie?*« kreischte Mandy.

»Was ist passiert?« fragte ich.

Mandy drehte sich zu mir um. »Meine Puppe ist weg«, sagte sie. »Ich kann sie nirgends finden. Ich habe sie überall gesucht.« Dann wandte sie sich wieder zu meiner Mutter. »Du hast sie genommen, stimmt's? Du hast sie noch nie gemocht. Du haßt sie. Das hast du gesagt. Ja, du haßt sie. Und du haßt *mich*«. Sie setzte sich hin und begann zu weinen.

Meine Mutter wartete einen Moment, hörte dem rauhen Schluchzen zu und versuchte, sich zu beherrschen. Dann sagte sie leise: »Geh in dein Zimmer, Mandy. Dieser Unfug muß aufhören. Ich habe deine Puppe nicht. Ich weiß nicht, wo sie ist.«

Mandy stand auf. Als sie redete, war ihre Stimme hart

und bitter vor Haß. »Du hast die Puppe genommen«, sagte sie. »Ich weiß es. Und ich werde dir nie verzeihen. Nie.«

Später an diesem Abend, als ich in meinem Zimmer war und versuchte, unregelmäßige französische Verben zu lernen, klopfte es an der Tür.

»Geh weg, egal wer es ist«, sagte ich gereizt, aber die Tür ging auf, und Mandy kam herein. Auf ihrem Gesicht lag ein triumphierendes Lächeln, und sie trug die Puppe.

»Ich hab' sie gefunden«, sagte sie.

»Das sehe ich. Wo war sie?«

Mandys Gesicht wurde hart. »Im Mülleimer. Ganz unten, unter dem ganzen – dem ganzen Abfall. Wo *sie* sie hingesteckt hat.«

Sie streckte mir die Puppe hin, und ich drehte das Gesicht weg. Ich wollte sie nicht noch einmal anfassen, wollte die funkelnden Augen nicht sehen, den Mund . . .

»Sie ist vollkommen verdreckt«, sagte Mandy ruhig, »aber ich kann sie wieder sauber kriegen. Ich kann den Riß in ihrem Kleid flicken. Bloß weiß ich nicht, was ich wegen der Stimme machen soll.«

Jetzt sah ich sie an. »Was meinst du damit?«

»Die Stimme ist kaputt«, sagte Mandy. »Sie hat die Stimme kaputtgemacht. Hör zu.«

Sie zog die Kordel auf dem Rücken der Puppe. Zuerst war nichts zu hören, dann erklang ein surrendes Geräusch und anschließend die altbekannte metallische Stimme, die ich so haßte. Doch die Worte waren anders jetzt, kunterbunt durcheinander:

»Mandy Mandy kiss Mandy Mommy kiss Mommy kiss Mommy Mandy kill Mandy kill Mommy kill Mommy Mandy kill Mommy Mandy kill Mommy . . .«

»Hörst du, was sie sagt?« flüsterte Mandy. »Hörst du es, Jennifer?«

Ja, ich hörte es. Aber ich glaubte es nicht. Ich konnte es nicht glauben.

»Der Mechanismus ist kaputt«, sagte ich, als die Stimme verklang. »Er funktioniert nicht mehr richtig. Dad wird ihn reparieren. Wenn er wiederkommt.« Mein Vater war zu einer Konferenz nach Leeds gefahren.

»Ja«, sagte Mandy ruhig. Sie sah mich mit ihren kalten, dunklen Augen unverwandt an. »Sie hätte es nicht tun sollen, oder? Sie hätte mir die Puppe nicht wegnehmen sollen.«

»Sei nicht so blöd!« rief ich, als sie zur Tür ging. »Komm zurück, Mandy. Ich wollte dir sagen . . .«

Aber sie kam nicht zurück. Ich starrte zur Tür, wollte nicht glauben, was ich gehört hatte, wollte nicht mehr daran denken. Aber den Haß in Mandys Augen konnte ich nicht vergessen. Genausowenig wie das ausdruckslose Starren der Puppe und die quengelnde, surrende Stimme.

Ich konnte nicht schlafen in dieser Nacht. Jedesmal, wenn ich die Augen schloß, sah ich das fahle Puppengesicht vor mir, die dunklen Augen verspotteten mich, forderten mich heraus. Und sosehr ich mir auch Mühe gab, ich konnte den Klang der scheußlichen, metallischen Stimme nicht loswerden, die in einem Singsang diese entsetzlichen Worte von sich gab. Und ich sah auch das Gesicht meiner Schwester, ganz verzerrt von Haß. Und das meiner Mutter, schockiert, verwirrt und wütend. Und ich hatte schreckliche Angst.

Ich muß wohl eingeschlafen sein, denn als nächstes erinnere ich mich, daß ich aus dem Schlaf hochfuhr. Ich war sicher, daß mich ein plötzliches Geräusch aufgeweckt hatte, denn ich hatte heftiges Herzklopfen. Ich setzte mich auf und horchte, doch ich konnte nichts hören. Also legte ich mich wieder hin, aber die Angst blieb, und ich konnte nicht schlafen. Ich starrte in die Dunkelheit, lausche, erinnerte mich, und dann stand ich auf und öffnete meine Zimmertür. Unter Mandys Tür fiel Licht heraus, und ich schlich hin und horchte. Ich konnte das Murmeln von Stimmen hören; die eine war leise und sanft, die andere scharf und schrill.

Ich drückte die Klinke und ging hinein. Mandy saß auf ihrem Bett und hielt ihre Puppe fest in den Armen. Sie drehte mir ihr blasses Gesicht zu, als ich hereinkam.

»Mandy«, begann ich, »ich muß dir etwas . . .«

Ich brach ab, als ich die Stimme hörte, die schreckliche Stimme der Puppe. »Mandy kiss Mommy. Mandy kiss Mommy. Mandy kiss Mommy. Mandy kiss . . .«

Mandy sah mich fragend an. »Was ist los, Jennifer?« erkundigte sie sich. »Kannst du nicht schlafen?«

»Nein«, sagte ich. »Hör zu, Mandy, ich . . .« Dann brach ich ab. Etwas war anders. Die Puppe war anders. Irgend etwas an ihrer Stimme . . . »Die Puppe!« sagte ich aufgeregt. »Die Worte sind anders. Sie sagt nicht . . .«

»Ja«, sagte Mandy. »Das braucht sie jetzt nicht mehr zu sagen.«

Zuerst verstand ich nicht, was sie meinte. Ich hatte Wichtigeres im Kopf. Etwas, das ich Mandy sagen mußte.

»Ich war es«, sagte ich rasch. »Ich habe es getan. Tut mir leid.«

Der Blick meiner Schwester war ausdruckslos. »Wovon sprichst du?«

»Ich habe die Puppe im Mülleimer versteckt. Ich – ich muß die Stimme kaputtgemacht haben. Ich war's. Tut mir leid.«

Während der Stille, die nun folgte, starrte ich zu Boden. Ich wagte es nicht, die Puppe anzusehen.

»Es spielt keine Rolle«, sagte Mandy schließlich. »Jetzt ist die Puppe ja wieder da. Und die Stimme ist nicht kaputt. Nur das ist wichtig.«

Ich starrte sie ungläubig an. Sie war so ruhig. Sie war überhaupt nicht wütend. »Hast du gehört, was ich sagte? *Ich habe die Puppe weggenommen. Alles ist meine Schuld. Ich bin . . .*« Und dann fielen mir Mandys Worte von vorher ein. »Wie hast du das gemeint?« fragte ich.

»Wie hast du das gemeint?« wiederholte ich. »Du sagtest, jetzt bräuchte sie das nicht mehr zu sagen.«

Da lächelte Mandy – ein schiefes, spöttisches Lächeln. Und ihre Augen waren dunkel und kalt.

»Wie hast du das gemeint?« schrie ich. *»Sag es mir!«*

Dann sah ich das Blut. Das Blut auf der Puppe. Auf den Händen der Puppe und auf ihrem Kleid. Und ich wußte, wie sie es gemeint hatte. Ich wußte es genau. Aber ich fing erst an zu schreien, als ich beim Schlafzimmer meiner Mutter ankam und die Tür öffnete.

HELEN CRESSWELL
Eine Art Schwanengesang

Wenn ich sage, daß Lisa von Anfang an etwas Besonderes war, werden Sie vermutlich lächeln. *Alle* Mütter halten ihre Kinder für etwas Besonderes – und das sind sie selbstverständlich auch. In meinem Fall war Lisa mein einziges Kind, daher werden Sie denken, daß es vielleicht nur natürlich ist, wenn ich sie für etwas Besonderes halte. Und wenn ich Ihnen sage, daß mein Mann (der bei einem bekannten Symphonieorchester Geiger war) starb, als sie erst einige Monate alt war, werden Sie mich begreiflicherweise der Übertreibung verdächtigen. Daraus mache ich Ihnen keinen Vorwurf. So mag es aussehen für Sie.

Aber ich muß bei meiner Behauptung bleiben – Lisa war *wirklich* etwas Besonderes. Wenn ich jetzt ihre Geschichte niederschreibe, dann zum Teil vielleicht auch deshalb, weil es wichtig für mich ist, daß es auch andere Leute begreifen.

Es wird nicht lange dauern. Sie war erst acht, als sie starb.

Der andere Grund, warum ich mich verpflichtet fühle, ihre Geschichte zu erzählen, ist, weil ich Sie wissen lassen will (und zwar mit derselben Sicherheit, die ich nun habe), daß der Tod nicht das Ende, daß er kein Schlußpunkt ist.

»Ah«, höre ich Sie sagen, »klar, daß sie das behauptet. Sie hatte niemanden auf der Welt außer ihrer kleinen Tochter, und die starb. Jetzt versucht sie sich einzureden, daß mit dem Tod nicht alles endet. Das ist verständlich, aber sie kann nicht erwarten, daß *wir* das glauben.«

Darauf kann ich nur eines sagen: »Warten Sie. Warten Sie, bis Sie meine Geschichte gelesen haben, und treffen Sie dann Ihre Entscheidung.«

Bei ihrer Geburt war Lisa für Peter und mich genau auf dieselbe Weise etwas Besonderes wie jedes andere Baby, das liebevollen Eltern geboren wird. Doch unser Glück hatte noch eine weitere Dimension, denn zu diesem Zeitpunkt wußten wir schon, daß das von Peter von kurzer Dauer sein würde. Wir wußten, daß ihm höchstens noch einige wenige Monate blieben, um die Vaterfreuden zu genießen. Schon mehrere Wochen vor ihrer Geburt hatte er das Orchester verlassen müssen. Und so war Peter während dieser ersten Monate von Lisas Leben soviel mit ihr zusammen wie kaum ein anderer Vater. Er pflegte stundenlang bei ihr zu sitzen und ihr winziges, friedliches Gesicht zu betrachten, als wolle er es bis in alle Ewigkeit in sein Herz einprägen. Am Anfang, bevor er zu schwach wurde, badete er sie auch, legte sie trocken, brachte sie zu Bett.

Und dann spielte er ihr Musik vor, stundenlang. Nicht auf seiner Violine – die hatte er vor ihrer Geburt traurig weggepackt –, sondern auf Schallplatten und Kassetten. Lisa lag dann auf dem Teppich und strampelte zu den Klängen von Bach und Mozart, zu den Liedern von Schubert und zu Opernarien.

Manchmal lachte ich und sagte, meiner Meinung nach ginge das alles ziemlich über den Horizont eines Säuglings, und wir sollten ihr lieber Kinderlieder vorspielen. Aber darauf erwiderte er jedesmal ganz ernst: »Die Kleine kann ja vielleicht noch nicht reden, aber hören kann sie. Sie horcht, unentwegt, und sie versucht, sich ein Bild von dieser seltsamen, neuen Welt zu machen, die sie betreten hat. Wenn das, was sie hört, freudig ist, wenn sie Harmonie hört, dann wird sie ihre ganzes Leben lang Freude und Harmonie ausfindig machen. Glaub mir, Martha, ich weiß, ich habe recht.«

Schon damals gab ich zu, daß es vielleicht stimmte, was er sagte. Jetzt weiß ich es sicher.

Ich will Ihnen dadurch nicht den Eindruck vermitteln, daß wir die Dinge zu ernst nahmen oder daß Lisa einen seltsamen Start ins Leben hatte. Wie alle jungen Eltern tollten wir mit ihr herum, spielten mit ihr und suchten nach Möglichkeiten, sie zum Lächeln oder besser noch zum Lachen zu bringen. Und Kinderlieder sangen wir auch. Aber ehrlich gesagt glaube ich, daß sie es am liebsten mochte, daß sie am glücklichsten war, wenn sie dalag und klassische Musik – vor allem Lieder – hörte. Auf ihrem Gesicht schien ein besonderer, friedlicher, verwunderter Ausdruck zu liegen, wenn sie eine schöne Stimme hörte, die große Musik sang.

Ich will diesen Punkt nicht übermäßig betonen – so habe ich das Ganze in Erinnerung, aber vielleicht ist meine Erinnerung an jene Zeit nicht sehr zuverlässig. Es ist eine eigenartige Sache für eine Frau, zuzusehen, wie ihr Kind aufblüht und wie ihr Mann, der Vater, gleichzeitig verwelkt. Freude und Leid können wohl kaum schmerzlicher ineinander verwoben sein.

Peter ließ es nicht zu, daß ich offen trauerte, und er selbst zeigte keine Bitterkeit, daß er uns bald verlassen mußte.

»Ich will nicht, daß irgendwelche Schatten auf sie fallen«, sagte er. »Sie soll von Musik geformt werden, nicht von Kummer.«

Später, als sie vier oder fünf war, behauptete sie komischerweise, sie könne sich an Peter erinnern, obwohl das ja eigentlich nicht möglich war.

»Er hat immer gelächelt«, sagte sie dann. Und das stimmte, jedenfalls, was Lisa betraf. Wenn es Zeiten gab, wo er zuließ, daß sein Lächeln verschwand, dann niemals in ihrer Gegenwart.

Er starb, kurz nachdem sie acht Monate alt war – er sah sie noch krabbeln, doch ihren ersten Schritt erlebte er nicht mehr mit.

»Versprich mir, daß du ihr weiterhin Musik vorspielen wirst«, sagte er, bevor er starb. Und natürlich versprach ich es. Und das war auch so eine seltsame Sache.

In diesen unwirklichen, alptraumartigen Tagen nach seinem Tod wurde Lisa blaß und still. Es war, als würde auch sie trauern. Dann, als ich nach der Beerdigung ausgelaugt und müde ins Haus zurückkehrte, wurde ich mir plötzlich der gewaltigen Stille bewußt, und daß da etwas fehlte. Mir fiel ein, daß ich keine Musik mehr gespielt hatte, seit Peter tot war. Ich ging und legte eine Platte auf – eine von Peters Lieblingsplatten, aus Haydns »Schöpfung«. Als die reinen, triumphierenden Töne um mich herum anschwollen, lehnte ich mich in einem Sessel zurück und gab mich ihnen hin.

Dann hörte ich hinter dieser wunderbaren Musik in einer Pause eine andere Musik, eine andere Stimme – die von Lisa. Ich ging hastig in das Zimmer nebenan, wo sie, wie ich dachte, lag und schlief. Statt dessen lag sie mit weit offenen Augen da und machte einen runden Mund. Das ganze winzige Persönchen schien auf die Töne konzentriert, die es mit solchem Ernst, mit solcher Konzentration machte – Lisa sang.

Na gut – vielleicht sang sie nicht. Vielleicht krähte sie nur, gurrte nach Babyart. Aber mir, in meinem überreizten Zustand, kam es so vor, als singe sie, als fiele sie mit ein in Haydns großartige, feierliche Hymne.

Ich erinnere mich, daß meine Tränen, ganz plötzlich befreit, auf ihr Gesicht herunterliefen und daß ich sie hochhob und mitnahm, und dann lag sie eng an mich geschmiegt, während wir zusammen der Musik lauschten.

Manche Kinder laufen, bevor sie reden, bei manchen ist es umgekehrt. Lisa, ich schwöre es, sang, bevor sie das eine oder das andere tat. Angesichts dessen, was danach kam, habe ich den Mut, dies zu behaupten. Ich bildete mir nicht nur ein, daß Lisa ein Kind der Musik war. Sie war es ganz einfach, daran gibt es nichts zu rütteln.

Zuerst war ich die einzige, die es wußte, und ich konnte es kaum glauben, als ich diese kindliche Stimme mit Tonleitern spielen hörte, so wie andere Kinder mit Bauklötzen spielen. (Auch das tat sie. Sie war in jeder Hinsicht genau wie alle anderen Kinder in ihrem Alter. Nur in einem unterschied sie sich – in ihren Adern floß Musik.)

Dann, als sie älter wurde und wir zu Spielgruppen gingen, machten auch andere Bemerkungen über ihre reine Stimme und ihr absolutes Gehör, und ihnen fiel auf, daß Lisa ein Lied nur einmal zu hören brauchte, um es auswendig zu können.

»Sie schlägt ihrem Vater nach«, sagten sie alle.

Es stimmte. Aber nur ich wußte, daß sie nicht nur sang, sondern auch komponierte. Wenn ich sie für die Nacht zugedeckt hatte und sie im Bett lag, malte ihre Stimme eigene Melodien in die Dunkelheit. Manchmal durchlief sogar mich, Lisas eigene Mutter, ein kleiner Schauder.

Es ist nicht so einfach, sich mit der Bezeichnung »Genie«

abzufinden. Wie gesagt, jede Mutter ist davon überzeugt, daß ihr Kind etwas Besonderes ist. Nur glaube ich nicht, daß jede Mutter Geniales von ihrem Kind erwartet. Für gewöhnliche Leute ist das eher beängstigend. Wir geben zu, daß es existiert – aber in weiter Ferne und bei anderen Menschen (die vorzugsweise schon lange tot sind!)

Mit zwei Jahren improvisierte Lisa Melodien auf dem Klavier; mit drei spielte sie sowohl Klavier als auch Violine. Das Wichtigste war jedoch ihr Gesang, das wußte ich. Ich sah ihr mit einem Gemisch aus Freude und Trauer zu, wie sie wuchs und sich entwickelte. Bereits zu diesem Zeitpunkt war mir klar, daß die Tage unseres engen Beisammenseins gezählt waren. Bald würde die Welt sie entdecken, und dann würde die Musik nicht länger unser gemeinsames Geheimnis bleiben.

Schon als sie vier war, begannen unter Schlagzeilen wie »Wunderkind gewinnt ersten Preis bei Festival« und »Erneuter Triumph für die kleine Lisa« Fotos von ihr in den Zeitungen zu erscheinen.

Ich will nicht, daß Sie denken, Lisa sei in irgendeiner Weise seltsam gewesen. In den meisten Dingen war sie genau wie jedes andere kleine Mädchen. Sie las gern, fuhr gern Rollschuh und beschäftigte sich gern mit ihrem Computer. Ihre Zeugnisse waren mittelmäßig, als sie mit der Schule anfing. Es war nur die Musik, durch die sie sich von den anderen abhob.

Als sie fünf war, suchten uns alle möglichen berühmten Leute – Professoren und Musiklehrer – auf.

Bald, dachte ich, wird man sie mir wegnehmen.

Schon damals wollten sie, daß ich sie auf eine spezielle Schule schickte, wo ihre Gabe gefördert werden konnte.

»Diese Gabe braucht keine Förderung«, erklärte ich ihnen. »Sie ist ihr angeboren. Sie wird sich von alleine entwickeln.«

Sie gingen wieder weg, doch nicht für lange, das wußte ich. Ich wußte auch, daß das, was ich ihnen gesagt hatte, nur teilweise stimmte. *Jede* Gabe braucht die richtige Pflege, genau wie eine seltene und empfindliche Pflanze.

Lisa selbst begann sich von mir zu entfernen. Nicht in den wichtigen Dingen – den Dingen zwischen Mutter und Tochter. Darin standen wir uns immer nah. Wir neckten uns viel, und manchmal schien es sogar, als sei sie älter als ich.

»Liebe Eselmutter!« sagte sie, wenn ich etwas vergaß oder einen Fehler machte. Es wurde ihr Kosename für mich.

Mit sechs versuchten sie wieder, sie mir wegzunehmen, und wieder wehrte ich mich.

»Es ist zu früh«, sagte ich. »Sie ist zu jung. Laßt sie noch ein kleines Weilchen bei mir, dann kann sie gehen.«

Als sie diesmal weg waren, hatte ich den Eindruck, als spürte ich eine Trauer in ihr, eine Enttäuschung. Ich dachte, ich sei vielleicht selbstsüchtig und übermäßig besitzergreifend. Und so gab ich nach, als sie wiederkamen und mich fast anflehten, Lisa fortzulassen.

Ihre Freude, als sie die Neuigkeit erfuhr, tat mir weh, und sie muß es gesehen haben.

»Ich werde immer noch in den Ferien heimkommen, liebe Eselmutter«, erklärte sie mir. »Sei nicht traurig, sonst verdirbst du es mir.«

Also versuchte ich ihr zuliebe ein glückliches Gesicht zu machen. In diesen letzten wenigen Monaten, die uns gemeinsam blieben, sammelte ich ihre Musik, damit sie mich tröstete, während sie fort war. Ich ließ sie jedes einzelne Lied, das sie komponierte, in ein Mikrofon singen und nahm es auf. Auch wie sie Klavier und Violine spielte, nahm ich auf, aber das Wichtigste war ihr Gesang. Das wußten wir beide. Wenn sie sang, waren Instrument und Musik eins, sie waren perfekt und unzerstörbar.

Sie war gerade sieben, als sie zu ihrer neuen Schule aufbrach. Sie strahlte. Sie war wie eine Braut mit Baskenmütze und Marinesocken.

»Keine Tränen, Eselmutter«, erklärte sie mir. »Wir werden uns schreiben.«

»Und schick mir Kassetten«, sagte ich. »Bitte, Lisa. Laß es nicht zu, daß auch nur ein einziges Lied, das du komponierst, verlorengeht. Nimm es auf. So bleibt es uns für immer erhalten.«

Da lächelte sie mit einer seltsamen Weisheit. »Wichtig ist nur, das Lied zu *machen*«, sagte sie. »Nichts geht verloren – nie.«

Als sie weg war, weinte ich doch, wie ich schon vorher gewußt hatte, und immer wieder kamen mir diese Worte in den Sinn. Wie konnte sie etwas wissen, fragte ich mich, was die meisten Leute in ihrem ganzen Leben nicht lernen?

Ich nahm in einem Haus, das dem National Trust* gehörte und Besuchern offenstand, eine wirklich interessante Arbeit an. Trotzdem zog sich das erste Trimester endlos hin.

Abends saß ich meistens da und hörte mir die Kassetten an, die wir in diesem Sommer aufgenommen hatten. Und an den Wochenenden ging ich einkaufen und suchte nach kleinen Dingen, die ich in ihren Strumpf stecken konnte. Lisa glaubte immer noch (zumindest nehme ich das an) an den Weihnachtsmann.

Mitte Dezember war sie zu Hause. Einen Tag lang oder zwei fühlten wir uns etwas eigenartig zusammen, und dann war es, als wäre sie nie weggewesen. Eines Abends stellten wir den Fernseher an, um uns eine Sendung mit von Kindern komponierten Weihnachtsliedern anzusehen. Es handelte sich um einen Wettbewerb, und nun wurden die Lie-

* Amt zur Erhaltung und Pflege historischer Gebäude

der vorgestellt, die gewonnen hatten. Als es vorüber war, sagte Lisa leise: »Nächstes Jahr mache *ich* ein Weihnachtslied, Eselmutter!«

Das war alles. Es war nur eine Bemerkung am Rande, und ich bezweifle, daß sie mir im Kopf geblieben wäre, wäre nicht das gewesen, was später passierte. Immerhin hatte Lisa fast ihr ganzes Leben lang Lieder komponiert. Was war natürlicher für sie, als ein Weihnachtslied zu machen?

Weihnachten und Neujahr kamen und gingen. Als sie diesmal zur Schule wegging, war der Trennungsschmerz bereits weniger schlimm. Mit der Zeit kann man sich an fast alles gewöhnen – sogar an die Abwesenheit derer, die man liebt. Das Ganze schien unvermeidlich, und für mich war es auch Teil des Versprechens, das ich Peter gegeben hatte, bevor er starb.

Lisas Briefe kamen jede Woche – durchsetzt von Rechtschreibfehlern und angefüllt mit Dingen, die sie gerade tat, der Musik, die sie machte. Sie waren auch angefüllt mit gewöhnlichen Dingen – sie bat um Kleidungsstücke, die derzeit groß in Mode waren, um Briefmarken, die sie tauschen konnte, und um Poster für ihr Zimmer. Dieses Trimester ging vorüber und das nächste. Im Sommer mietete ich ein Häuschen im Lake District, und wir verbrachten fast die ganze Zeit mit Spaziergängen und Radtouren. Wir waren auf dem besten Weg, unser Leben nach einem gewissen Muster einzurichten.

Manchmal war es schwierig, nicht zu vergessen, daß sie erst acht war. Und wir unterhielten uns nie darüber, was sie »tun würde, wenn sie erwachsen war«. Heute, im nachhinein, denke ich, daß es deshalb war, weil sie ja schon jetzt ihrer Bestimmung folgte. Sie durchlief die ganze Zeit einen Prozeß des Werdens, und mehr war nicht nötig. Das wußte sie selbst.

»Wichtig ist nur, das Lied zu *machen*«, hatte sie vor über einem Jahr gesagt.

Wieder verabschiedete ich sie winkend zu einem neuen Schuljahr. Der Schmerz war nicht sehr groß. Ich meldete mich sogar zu einem Abendkursus für Italienisch an und ging gelegentlich mit Freunden ins Theater oder zum Essen.

Aber Lisa bespielte immer noch Kassetten, und ich hörte sie immer noch an, unentwegt. Jetzt begann sie, ihre eigenen Texte zu den Melodien zu schreiben. Eines Tages bekam ich eine Kassette mit einem Lied, das den Titel »Eselmutter« trug, und ich war so glücklich und fühlte mich so geehrt, daß ich es aus Angst, es könnte verlorengehen oder beschädigt werden, tatsächlich noch einmal auf eine andere Kassette überspielte.

Dabei kam es mir so vor, als hörte ich sie sagen: »Wichtig ist nur, das Lied zu *machen*.«

Ich lächelte ironisch.

»Für dich vielleicht«, dachte ich. »Aber für uns, die wir nur zuhören können, ist es das fertige Lied selbst, das zählt.«

Im November rief mich Lisa zu meiner Überraschung an. Das hatte sie bisher nur einmal getan: um mich zu informieren, daß sie Windpocken hatte – ich müsse mir aber keine Sorgen machen –, und um mir stolz mitzuteilen, wie viele Flecken sie hatte.

»Hör zu«, sagte sie diesmal. »Ich habe ein Weihnachtslied komponiert!«

»Ein Weihnachtslied?« wiederholte ich.

»Weißt du noch – dieser Wettbewerb, den wir sahen? Und hör zu – Davey fährt übers Wochenende heim, und ich darf mitfahren! Dann können wir es gemeinsam aufnehmen – von unserem eigenen Klavier begleitet!«

»Schatz, das ist ja sagenhaft!« sagte ich. »Aber . . .«

»Seine Mutter kommt uns mit dem Auto abholen. Freitag, so gegen sechs, bin ich zu Hause. Ich muß jetzt Schluß machen – tschüs!«

Das war alles. Es war Dienstag – ich hatte drei Tage, um mich an die wunderbare Tatsache zu gewöhnen, daß Lisa heimkam. Ich hatte ganz vergessen (wie konnte ich nur?), daß die Kinder zwar im ersten Jahr während der Schulzeit nicht nach Hause durften, daß dieses Verbot aber anschließend aufgehoben wurde.

Die verbleibenden Tage verbrachte ich damit, voller Vergnügen die Dinge einzukaufen, die Lisa am liebsten aß (was keine schwierige Aufgabe war, da es sich hauptsächlich um Hähnchen in verschiedenen Variationen handelte), und ich besorgte ein neues Federbett für ihr Zimmer. Um halb sechs an jenem Freitag fuhrwerkte ich in der Küche herum – machte immer wieder die Herdklappe auf, um nachzusehen, wie braun das Hähnchen und die Kartoffeln waren, und fragte mich, ob ich schon anfangen sollte, die Schokoladencreme aufzutauen.

Viertel vor sechs fiel mir ein, daß ich keine Limonade im Haus hatte – ihr Lieblingsgetränk und dazu eines, das in der Schule nicht getrunken werden durfte. Ich zögerte.

»Ich schreibe einen Zettel«, dachte ich, »und hefte ihn an die Tür. In fünf Minuten bin ich ja wieder da.«

Also schrieb ich: »Bin in fünf Minuten wieder da«, heftete den Zettel an die Tür und ging. Es gab keine Läden in der Nähe. Ich nahm das Auto und machte mich auf den Weg zum nächsten Supermarkt, der um diese Zeit noch geöffnet war. Der Verkehr war dicht und aufreizend langsam. Ich hatte vergessen, wie es Freitag abends bei Geschäftsschluß auf den Straßen aussieht. An einem Punkt hätte ich fast die Gelegenheit ergriffen, umzudrehen und ohne die Limonade wieder heimzufahren. Aber die Leute trafen sowieso selten zur angegebenen Zeit ein, vor allem an Wochenenden, überlegte ich mir und fuhr weiter.

Es war fast Viertel nach sechs, als ich wieder zu Hause ankam. Dort, wo vor einer halben Stunde mein eigener Wagen gestanden hatte, stand ein anderer. Es war ein Polizeiwagen. Ich hielt daneben an, ohne das Gehupe hinter mir zu beachten. Zwei Gestalten, ein Polizist und eine Polizistin, standen auf den Stufen vor meiner Haustür.

Ich riß die Autotür auf und stieg aus. Ich befahl mir, ruhig zu bleiben. Meine Knie zitterten.

»Was – was ist los?« Sie drehten sich um. Ihre Gesichter waren jung, besorgt, voller Mitleid.

»Mrs. Viner?«

Ich nickte.

»Vielleicht könnten wir . . .?«

Ich erinnere mich kaum daran, was im einzelnen geschah. Irgendwie war ich im Haus, irgendwie saß ich in meinem üblichen, dem Feuer zugewandten Sessel, und eine Stimme sprach zu mir. Es war eine teilnahmsvolle Stimme, ihr Besitzer erzählte mir nur ungern, was passiert war. »Autobahn . . . nasse Fahrbahn . . . Mittelstreifen . . . Lastwagen . . .« Die Worte prallten an mir ab. Was sie mir sagten, war, daß Lisa tot war. Sie war zusammen mit ihrem Schulfreund und dessen Mutter auf der Autobahn tödlich verunglückt.

Die beiden waren sehr freundlich. Die junge Frau machte mir eine Tasse Tee und stellte den Herd ab. Bevor sie gingen, standen sie da und sahen mich unsicher und ratlos an. Sie wußten nicht, was sie sagen sollten.

»Komisch«, sagte der Polizist. »Wir standen zehn Minuten draußen auf den Stufen, bevor Sie kamen.«

Ich sagte nichts.

»Ich hätte schwören können, daß jemand hier drin ist«, fuhr er fort. »Ich konnte jemanden singen hören – hat sich angehört wie ein Kind.«

»Wir haben uns gefragt, ob Sie das Radio angelassen haben«, fügte die junge Frau hinzu.

»Und wenn ich mir's jetzt überlege«, sagte er, »dann *war* das Radio ja gar nicht an. Genausowenig wie der Fernseher. Komisch . . .«

»Ja, komisch«, sagte ich. »Danke. Ich danke Ihnen beiden sehr. Ich glaube – ich glaube, ich möchte jetzt alleine sein.«

Sie zögerten.

»Sind Sie sicher, daß Sie zurechtkommen?«

»Ja.«

Sie gingen. Die Tür schloß sich, und ich war allein. Ich saß, ich weiß nicht wie lange, da. Ich sah Lisa, hörte sie, versuchte mir zu sagen, daß ich sie nie mehr sehen oder hören würde. Ich konnte nicht weinen. Ich saß einfach mit trockenen Augen da und gab mich meinen Erinnerungen hin.

Schließlich, nach einer langen, dunklen Ewigkeit, stand ich auf. Mechanisch begann ich, Dinge abzustellen und für die Nacht abzuschließen. Die Haustür, die Hintertür, nachsehen, ob der Herd aus ist – in dem noch das Hähnchen und die knusprigen Kartoffeln standen –, die Lichter ausschalten, den Fernsehstecker herausziehen . . .

Ich blieb stehen. Alles war dunkel, aber dort, in der Dunkelheit, glühten die roten und grünen Lämpchen des Verstärkers und des Kassettenrecorders. Ein ganz leises Summen war zu hören. Ich war nicht in der Lage, klar zu denken. Ich hatte die Anlage an diesem Nachmittag angestellt und alles vorbereitet, um das Weihnachtslied aufzunehmen. Die leere Kassette war eingelegt, ich hatte Höhen, Tiefen und Aufnahmestärke sorgfältig reguliert. *Und dann hatte ich die Anlage abgeschaltet.*

Ich erinnerte mich noch daran: Ich hatte in dem Augenblick daran gedacht, wie Peter immer mit mir geschimpft hatte, wenn ich Dinge – vor allem den Kassettenrecorder – eingeschaltet ließ. Er hatte mir einen Vortrag gehalten über den Schaden, den ich dadurch unter Umständen anrichten konnte.

Ich ging zur Stereoanlage hinüber. Zögernd betätigte ich den Schalter für WIEDERGABE. Nur ein leises Rauschen erklang. Dann, ohne recht zu wissen warum, drückte ich auf ZURÜCKSPULEN. *Die Kassette spulte zurück.* Mit einem Klicken hielt sie an.

»Es war doch eine neue Kassette«, dachte ich. »Funkelnagelneu.«

Lange stand ich in dem verbleibenden schwachen Licht. Dann drückte ich zum zweiten Mal auf WIEDERGABE.

Das Zimmer füllte sich mit Klängen. Eine Stimme, Lisas klare, sanfte Stimme sang:

»Um Mitternacht,

Vor langer, langer Zeit . . .«

Es gab keine Begleitung, kein Klavier, nur diese junge, wunderbare Stimme, die von dem weit zurückliegenden Wunder sang, das wir an Weihnachten feiern.

Ich stand benommen da und lauschte. Dann, als das Weihnachtslied schließlich zu Ende war, hörte ich – oder glaubte ich zu hören (anschließend war es jedenfalls nicht auf dem Band): »Da, liebe Eselmutter! Ich hab's dir doch gesagt – wichtig ist nur, das Lied zu *machen*!«

Und ich wußte, daß dies ihr letztes Geschenk für mich war. Es war nicht ihr, sondern mir zuliebe, daß das Weihnachtslied da war – für alle Zeiten auf Kassette festgehalten.

Ich schickte es zu dem Wettbewerb. Es gewann. Der Moderator sagte: »Wir sind sehr traurig, Ihnen mitteilen zu müssen, daß die achtjährige Lisa auf tragische Weise bei einem Autounfall ums Leben kam, kurz nachdem sie dieses Weihnachtslied für unseren Wettbewerb aufgenommen hatte. Es sollte ihr Schwanengesang werden.«

Nur ich wußte, daß das Weihnachtslied nicht vor, sondern nach dem Unfall aufgenommen worden war. Obwohl man es vielleicht doch als eine *Art* Schwanengesang bezeichnen könnte.

AIDAN CHAMBERS
Sehen heißt glauben

Keiner war überraschter als ich, als Großtante Florence starb und mir ihr gesamtes Geld und ihren gesamten Besitz vermachte. Ich war ihr nur zweimal begegnet: als ich ein achtjähriges kleines Mädchen war, und ein zweites Mal mit vierzehn. Warum hatte sie unter ihren vielen Verwandten ausgerechnet mich als ihre Erbin ausgewählt? Eine Antwort auf diese Frage habe ich nie gefunden. Florence galt bei der ganzen Familie als exzentrisch und äußerst schwierig, und was ihr Tun und Lassen betraf, hatte sie niemals irgend jemandem Erklärungen abgegeben. Somit müssen die Beweggründe ihres letzten Willens und Testaments ein Geheimnis bleiben.

Mir jagte sie Angst ein, diese große, stattliche, immer in bodenlange schwarze Kleider gehüllte Frau mit silbergrauem Haar und so scharfen und lebhaften Augen, daß man das Gefühl hatte, sie sähe jede Bewegung, die man machte. Die letzten dreißig Jahre ihres Lebens verbrachte sie als Einsiedlerin in ihrem riesigen, alten Haus, das von außen wunderbar aussah, das innen jedoch dunkel, bedrükkend und voller Schatten war. Die Familie sagte, sie hätte es gehaßt, alt zu werden, und hätte sich zwischen den schweren Vorhängen, die an den Fenstern hingen, und den sperrigen, altmodischen Möbeln, die sich in den hohen Zimmern drängten, versteckt.

Sie starb im Schlaf im Alter von dreiundachtzig. Ich war damals zwanzig, und mir kam es so vor, als sei ein letzter Überrest des alten viktorianischen Englands mit ihr gestorben.

Tante Florences Rechtsanwalt erklärte mir, ich hätte das Haus, Compton Court, geerbt, dazu das gesamte Geld – etwa zehntausend Pfund –, das von ihrem Nachlaß übrigblieb, sobald sich die Regierung ihren Anteil in Form von Erbschaftssteuer geholt hatte.

Als der Schock nachließ, machte ich mich daran, einen Entschluß zu fassen, was ich mit meinem unerwarteten Vermögen anstellen wollte. Alle waren natürlich voller guter Ratschläge. Meine Eltern, der Rechtsanwalt, meine Verwandten, meine Freunde. Nachdem ich mir wochenlang angehört hatte, was andere Leute mit meinem Geld tun würden, wenn sie es hätten, begann ich mir zu wünschen, Tante Florence hätte alles einer wohltätigen Organisation vermacht.

Eines war sicher. Das Haus mußte verkauft werden. Ich konnte nicht dort wohnen, es war überhaupt nicht nach meinem Geschmack, und außerdem hatte ich mein eigenes Leben und wollte nicht an ein altes Haus und all die Probleme, die es mit sich bringen würde, gebunden sein.

Compton Court loszuwerden, war jedoch nicht so einfach. Die Schwierigkeiten begannen mit dem wichtigtuerischen Mr. Pearce, Tante Florences schwergewichtigem Rechtsanwalt.

Als ich ihn anwies, das Haus zu veräußern, hustete er, rutschte mit seinem Sessel herum und machte ein Gesicht, als habe man ihm befohlen, faule Eier zu verkaufen.

»Was ist los?«, fragte ich. »Sagen Sie bloß nicht, daß Sie sind wie alle anderen und finden, ich sollte in diesem Mausoleum wohnen!«

»Absolut nicht«, murmelte er mit einer Gerichtssaal-stimme. »Es gibt . . . ich wollte sagen . . . da ist ein Problem, was den Verkauf des Besitzes betrifft.«

Ich seufzte. »Sagen Sie's mir nicht! Das Haus ist vom Holzwurm zerfressen, jedes einzelne Fußbodenbrett ist von Trockenfäule befallen, und das Ganze kann jeden Moment zusammenbrechen.«

Der Rechtsanwalt lächelte dünn. (Ich bezweifle, daß er es sich jemals gestattete, anders als dünn zu lächeln.)

»Nichts von alledem. Von der Bausubstanz her ist das Gebäude kerngesund. Ihre Tante nahm ihre Angelegen-heiten sehr genau und sorgte dafür, daß das Haus in her-vorragendem Zustand war.«

»Was ist dann los damit?«

Erneutes Herumrutschen. Erneutes Husten. Erneute ner-vöse Blicke über seine Halbmond-Brillengläser hinweg.

»Ich fürchte, Miss Lockwood, das Haus hat einen au-ßerordentlich schlechten Ruf. Man sagt, daß es darin spukt.«

Ich starrte den Mann ungläubig an; dann lachte ich laut.

»Ach was, Mr. Pearce! Bestimmt lassen sich die Leute heutzutage nicht mehr von Geistern an der Nase herum-führen!«

Pearce war nicht amüsiert.

»Lachen Sie nur. Überraschenderweise kommt es jedoch

vor, daß Leute sich . . . an der Nase herumführen lassen von Geistern . . . *Manchmal* erzielt man ja für Häuser sehr gute Preise, gerade weil es darin spukt . . .«

»Aber?«

»Wenn ich ehrlich sein soll, Miss Lockwood . . .«

»Ja, Mr. Pearce, dafür wäre ich Ihnen dankbar.«

»Das Haus Ihrer verstorbenen Tante . . . vielmehr *Ihr* Haus . . . es hat den Ruf, daß dort ein Geist umgeht, der alles andere als angenehm ist . . .«

Er brach ab. Ich konnte genau sehen, wohin mich sein verwickeltes Rechtsanwaltsdenken führte.

»Also mögen die Leute nette Geister, aber keine ekelhaften. Wodurch man Häuser mit ekelhaften Geistern darin nicht zu einem guten Preis verkaufen kann. Hab' ich recht?«

Pearce nickte. »Wenn überhaupt«, sagte er und sog Luft ein, um den unausgesprochenen Gedanken zu betonen, daß *ich* zu denen gehörte, die *keinerlei* Chancen hatten, ihren von einem Spuk bewohnten Besitz loszuwerden.

»Moment mal, Mr. Pearce«, sagte ich in entschiedenem Ton. »Ich finde, daß dieser ganze Geisterkram Unsinn ist . . .«

»Das ist ja alles schön und gut, Miss Lockwood«, unterbrach Pearce und fuhr in ebenso entschiedenem Ton fort: »Aber es gibt zu viele andere Leute, die Ihre Meinung nicht teilen. Sie, Miss, wollen Compton Court *verkaufen*, nicht *kaufen*.«

Eins zu null für Pearce. Ich saß in meinem Sessel, starrte ihn über seinen alten Mahagonischreibtisch hinweg zornig an und hegte eine Abneigung gegen alle Rechtsanwälte – in diesem Augenblick insbesondere gegen Pearce – wegen ihres verteufelten Geschicks, bei irgendwelchen Auseinandersetzungen den Gewinn davonzutragen.

»Was soll ich also tun?« fragte ich nach einer unbehaglichen Stille.

»Es gibt diverse Möglichkeiten«, sagte er und lehnte sich vor. Nun war er in seinem Element. Er hatte sich durchgesetzt – oder glaubte es zumindest –, und jetzt konnte er meine Entscheidung für mich planen. »Sie könnten es darauf ankommen lassen, das Haus auf dem freien Markt anbieten und abwarten, bis Sie einen vernünftigen Preis erzielen. Ich würde davon abraten. Sie könnten das Haus in Apartments aufteilen und sie vermieten, in der Hoffnung, daß ein Umbau die ... äh ... die unersprießliche Atmosphäre verändert. Das wäre eine vernünftige Vorgehensweise, jedoch kostspielig und zeitaufwendig. Es würde Jahre dauern, bis Sie Ihren Kapitalaufwand gedeckt hätten. Ich rate Ihnen, diesen Plan fallenzulassen. Schließlich und endlich könnten Sie das Haus abreißen lassen und das Gelände als Bauplatz verkaufen. Eine Entscheidung, für die vieles spricht: Sie bekommen rasch Geld auf die Hand, das sich vermutlich auf eine fünfstellige Summe beläuft, haben nur wenig Ärger mit den Behörden, und das Problem ist sauber und gründlich gelöst. Ich halte das für die vernünftigste Lösung.«

Der Gedanke, daß ein weiteres altes Haus in eine Mietskaserne verwandelt oder, noch schlimmer, durch ein Bürogebäude aus Glas und Beton ersetzt werden sollte, weckte plötzlich wieder meinen Kampfgeist.

»Jetzt aber Schluß«, sagte ich. »Sie sagen, daß es in meinem Haus spukt?«

»Ich sage gar nichts, Miss Lockwood«, sagte Pearce in wahrer Rechtsanwaltmanier. »Ich sage nur, es stünde im *Ruf*...«

»Drücken Sie es aus, wie Sie wollen«, sagte ich gereizt. »Nun, ich behaupte das Gegenteil. Das ist alles Quatsch. Und ich werde es beweisen. Ich werde ein paar Monate dort wohnen – oder auch länger, wenn nötig – und werde die Sache ein für alle Male klären. Vielleicht wirkt es Wunder, wenn man das Haus mal ein bißchen aufmacht. Und vielleicht können wir dann einen Käufer finden, der sich nicht von Gerüchten abschrecken läßt.«

Pearce zuckte die Achseln.

»Es ist Ihr Haus, Miss Lockwood. Ich kann Ihnen lediglich Ratschläge erteilen.«

Ich lächelte und stand auf.

»Stimmt, Mr. Pearce. Das ist es! Und das können Sie!«

Also zog ich schließlich doch nach Compton Court. Ich kam im Spätsommer an, um meine zweimonatige, selbstauferlegte Gespensterjagd zu beginnen. Das Haus war durch eine Haushälterin und ihren Mann bewohnbar gehalten worden, ein altes Ehepaar, das Tante Florence schon jahrelang versorgt hatte und in einem kleinen, an den Hof angrenzenden Haus wohnte. Mrs. Truelove putzte und kochte; Albert, ihr Ehemann, kümmerte sich um die Gärten und erledigte gelegentlich anfallende Arbeiten. Seit dem Tod meiner Tante hatten sie weitergelebt, als wäre sie noch da, und hatten nach wie vor die täglichen Haushaltspflichten erledigt, weil keiner ihnen sagte, sie sollten damit aufhören.

Sie hießen mich herzlich willkommen, schwatzten über Florence, die sie anscheinend wirklich gemocht hatten, und gaben dann durch Andeutungen und indirekte Fragen zu verstehen, daß sie befürchteten, ich könnte sie entlassen. Ich beruhigte das alte Ehepaar; es waren schlichte Leute, und ich wußte von Pearce, daß sie ausschließlich von dem Lohn lebten, den ihnen Tante Florence zahlte. Sie würden zu einem Problem werden, wenn das Haus verkauft wurde, das war mir klar; aber ich entschloß mich, mich damit zu befassen, wenn es soweit war.

Sobald ich mich niedergelassen hatte, machte ich, begleitet von Mrs. Truelove, einen Rundgang durchs Haus. Wir begannen im Untergeschoß mit der schloßartigen, blitzsauberen Küche, den Speisekammern und Lagerräumen. »Und was ist das da unten?« fragte ich, als wir im hinteren Gang an einer Tür vorbeikamen.

»Da geht's lediglich in die Kellerräume«, sagte Mrs. Truelove. »Die werden nicht benutzt. Dort gibt's nur Spinnweben, sonst nichts.«

Sie drängte mich weiter.

»Ich würde sie trotzdem gern inspizieren«, sagte ich.

Mrs. Truelove schniefte – eine Angewohnheit von ihr, wie ich bald erfuhr, wenn sie mit etwas nicht einverstanden war. »Da gibt's nichts zu sehen. Kommen Sie mit nach oben, dann zeig' ich Ihnen die Wohnräume.«

Im Erdgeschoß gab es fünf große Räume, wunderbar ausgewogen gestaltet, aber in vorhangverhängte Düsterkeit gehüllt: Salon, Eßzimmer, Bibliothek und zwei Empfangszimmer. Neu tapeziert und möbliert, und zwar im richtigen Stil, wären sie wahre Schaustücke gewesen.

Oben waren acht Schlafzimmer verschiedener Größe, ein paar mit eigenem Ankleidezimmer und Bad. Und darüber Dachkammern, die ehemals als Unterkünfte für die Dienstboten gedient hatten und jetzt voll waren mit dem angesammelten Ramsch, den zu beseitigen Florence nie jemandem erlaubt hatte. In den Antiquitätenläden der Portobello Road würde das Zeug ein kleines Vermögen bringen, und ich notierte mir, daß ich nach einem Käufer suchen wollte, sobald ich mir einige wenige Einzelstücke genommen hatte, die mir gefielen.

Nach der Besichtigungstour ging ich mit Mrs. Truelove auf eine Tasse Tee in die Küche. Während wir zusammen an dem geschrubbten, rohen Brettertisch saßen und Mrs. Truelove ununterbrochen über dieses und jenes schwatzte, dachte ich über das Haus nach, das ich geerbt hatte. Es war ziemlich offensichtlich, warum die Leute sagten, es spuke darin: Die dunklen Schatten, die überall lauerten, konnten

– wenn man es so haben wollte – bedrohlich wirken; die
Fußböden knarrten, oft, ohne daß einer darüberging; und
eine schwere Stille, die zweifellos von den dicken Vorhängen herrührte, die überall hingen, hüllte das Haus in gespenstische Lautlosigkeit, obwohl es fast in der Stadtmitte
lag.

Nach ein paar Tagen, als ich mich eingewöhnt hatte und
mit Mrs. Truelove auf ungezwungenem Fuß stand, schnitt
ich das Thema Geister an, während wir zusammen Mittagessen machten.

»O ja«, sagte sie. »Spuken tut es hier, das steht fest.
Miss Florence hat es gesagt.«

»Und Sie?« fragte ich ein bißchen irritiert, weil sich in
jedes Gespräch, in dem es um Übernatürliches ging,
Dinge einzuschleichen schienen, die irgend jemand nur
vom Hörensagen wußte. »Haben Sie selbst einen Geist gesehen?«

Mrs. Truelove schielte mich über den Salat hinweg an,
den sie gerade schnitt.

»Sie glauben mir also nicht?«

»Das ist es nicht, Mrs. Truelove. Ich habe nur gern Tat-
sachen, was Dinge wie Geister betrifft. Sehen heißt glauben, und so weiter.«

»Bleiben Sie lang genug da, dann werden Sie's schon
sehen!«

»Was?«

Sie rümpfte die Nase. »Es ist nicht gut, wenn man darüber spricht.«

»Geben Sie mir wenigstens einen Anhaltspunkt.«
Meine Stimme klang spöttisch, ich konnte nicht anders.

»Ich sag' nur eins«, entgegnete Mrs. Truelove in einem
Ton, mit dem man ein unangenehmes Thema abschließt,
bevor sich irgend jemand beleidigt fühlt. »Ich sag' nur
eins: Halten Sie sich Freitag nachts dem Keller fern.«

Ich starrte sie an und wußte nicht, ob ich ihr Gerede ernst nehmen oder lachen sollte.

»Mrs. T.! Sie wollen mir doch wohl nicht erzählen . . .«

»Ich will Ihnen gar nichts erzählen. Und wenn Sie mir die Kartoffeln geben würden, dann könnt' ich sie schälen.«

»Moment mal . . .«

»Ich hab' mir gedacht, Sie hätten vielleicht Lust auf ein schönes Stück frischen Lachs zum Mittagessen.«

»Hören Sie . . . ich will nur . . .«

Mrs. Truelove knallte die Salatschüssel auf die Anrichte.

»Es ist so, Miss. Ich will Sie nicht kränken. Aber wenn Sie nichts dagegen hätten, würd' ich über diese Spukerei lieber nicht mehr sagen, als was ich schon gesagt hab'. Es ist gefährliches Geschwätz, und Sie werden nachts besser schlafen, wenn Sie so Zeug aus Ihrem Kopf verbannen.«

Ich gab auf. Es war sinnlos, die gute alte Seele, die der Gedanke an Geister offenbar aus der Fassung brachte, aufzuregen. Im übrigen hatte ich ja etwas, woran ich mich halten konnten: Freitag nachts im Keller! Die ganze Geschichte klang langsam wie ein viktorianischer Schauerroman.

Tja, dachte ich, ich muß hier einige Monate überleben; also könnte ich diese Zeit genausogut genießen.

Um die Wahrheit zu sagen: Mich packte langsam die Aufregung. Alle waren so verdammt sicher, daß es in diesem Haus spukte, daß sich mein Entschluß, das Gegenteil zu beweisen, immer mehr festigte. Und wenn der Geist nicht zu mir kommen wollte, schön, dann würde ich zu ihm gehen! Ich wartete mit Ungeduld auf Freitag nacht.

Sie werden inzwischen begriffen haben, daß ich nicht zu den Nervösen gehöre und daß Geister für mich nicht mehr als die abstrusen Gebilde aus Altweiberträumen sind (ich korrigiere mich: waren) – ein Witz, nicht mehr; und daß meine eigene Phantasie, gelinde gesagt, nicht sonderlich rege ist. (In Englisch war ich nie gut in der Schule. Rechtschreibung und all das beherrschte ich, aber wenn es ans Aufsatzschreiben ging, war ich eine Null!) Gerade diesen Punkt muß ich hervorheben. Sie werden später sehen, warum.

Ich muß Ihnen auch von meinem Hund erzählen, weil er in Kürze in dieser Geschichte auftreten wird. Buccaneer – kurz Buccy – ist einer dieser übergroßen, überanhänglichen Boxer, die auf Sofas sitzen und aussehen wie Winston Churchill ohne seine Zigarre. Aber ich bete ihn an und nehme ihn mit, wohin ich auch gehe – ein chronischer Fall von »wenn du mich liebst, dann lieb auch meinen Hund«, was reichlich oft dazu führte, daß männliche Bekanntschaften es vorzogen zu verzichten. Buccy ist besitzergreifend. Nicht, daß er knurrt oder beißt oder auf irgendeine Weise bösartig wird. Ganz im Gegenteil. Und genau das ist es, was zu Problemen führt. Wenn auch nur die geringste Andeutung von gemütlichem Beisammensein in der Luft liegt, will Buccy Anteil haben und wird anschmiegsam. Was männlichen Bekanntschaften nicht sonderlich behagt. Er hat den Dreh heraus, sich in zärtlichen Momenten zwischen sie und mich zu quetschen, und keinem ist es je gelungen, ihn von der Stelle zu bewegen. (Ihn aus dem Zimmer zu schicken, bringe ich nie übers Herz – sein großes sabberndes Gesicht bringt meine Strenge zum Schmelzen, und er gewinnt!) Also kam Buccy natürlich mit mir nach Compton Court. Mrs. Truelove schloß ihn ins Herz und verwöhnte ihn mit auserlesenen Knochen. Albert verbrachte mehr Zeit damit, mit ihm im Garten herumzutollen, als die gelegentlich anfallenden Arbeiten zu erledigen. Und wenn Buccy gerade weder Mrs. Trueloves Knochen fraß noch Albert um die Blumenbeete verfolgte, tapste er wie ein Lakai zu meinen Füßen einher – noch dazu wie ein sehr eingebildeter, hochnäsiger Lakai. Daß er bei mir war, hinderte mich wohl auch daran, in den ein oder zwei Nächten ganz zu Anfang Angst zu haben, als ich in diesem riesigen Haupt-schlafzimmer schlief. Er ist so ein treuer, tröstlicher Beglei-ter, daß ich mir ständig überlege, wie das Leben ohne ihn wäre. Und das ist einer der Gründe, warum die Ereignisse an jenem Freitag so beängstigend waren.

Denn Buccy desertierte schon am Anfang des Gesche-hens, dieser Feigling – obwohl seine Flucht von der Szene wirklich ein Beweis dafür war, daß Vorsicht besser ist als Nachsicht, und ich wollte, ich hätte seinen Wink verstanden.

Der Freitag kam, Mrs. Truelove ging etwa um halb neun Uhr abends weg. Ich machte im Haus die Runde, schloß Tü-ren und Fenster und warf einen Blick in jedes Zimmer. Ich wollte vollkommen sicher sein, daß da nichts war, was man versehentlich für einen »Geist« halten konnte. Ich habe zu viele Spukgeschichten gehört, bei denen Nachforschungen zeigten, daß sie lediglich das Werk streunender Katzen wa-ren, aus Versehen eingesperrter Vögel oder kleiner, vom Wind, der durch ein offenes Fenster hereinkam, umgeblase-ner Einrichtungsgegenstände – zu viele, um auf derartige Dinge hereinzufallen. Alles war sicher, verriegelt, stand fest an seinem Platz.

Aber etwas fiel mir bei meinem Rundgang auf. Das Haus schien noch trübsinniger als sonst, die Schatten tiefer, als rühre die Dunkelheit in den Winkeln da und dort nicht vom Mangel an Licht, sondern als handle es sich um etwas Eigen-ständiges mit Form und Gestalt. Damals führte ich das auf den grauen Abend draußen zurück und auf meine gehobene Erwartung, daß an diesem Tag etwas passieren würde – denn ich muß zugeben, daß ich trotz meiner sonst ruhigen Art bereits ein bißchen nervös war und mich ein winziges bißchen so fühlte, als säße ich auf glühenden Kohlen. Mir war bewußt, daß mein Herz schneller schlug als gewöhn-lich, und mein Magen flatterte von Zeit zu Zeit, wenn ich an den Keller dachte.

Unverzagt machte ich mich an die Ausführung meines Plans. Ich ging nach unten in die Küche im Erdgeschoß, wo ich noch vor wenigen Augenblicken mit Mrs. Truelove gescherzt hatte, während wir das Geschirr vom Abendessen abwuschen. Jetzt, ungefähr um halb zehn, wirkte der Raum ganz anders. Alles stand an seinem Platz – alles war, wie ich es hinterlassen hatte –, aber da war ein undefinierbares ... *Etwas:* ein atmosphärisches Prickeln, als flösse unsichtbar Elektrizität durch die Luft. Hier waren die Schatten sogar noch dichter, greifbarer als oben. Ich konnte nicht einmal die Ecken des Raumes sehen.

Als ich hineinging, stellte Buccy die Nackenhaare auf und winselte. Ich kann mich nicht erinnern, das öfter als ein halbes dutzendmal in ebenso vielen Jahren gesehen zu haben, und immer nur dann, wenn andere, gewöhnlich beißlustige Hunde ihn reizten. Aber jetzt jaulte er und kam mit wilden Augen und flachgelegten Ohren zu mir geschlichen und drückte sich gegen meine Beine.

Ich tätschelte ihn.

»Närrischer Kerl«, murmelte ich. »Hast du Angst vor Schatten?«

Ich nahm jedoch nicht nur Buccy, sondern auch mir zuliebe Mrs. Trueloves Nudelholz von der Backbank, ging nacheinander in alle Ecken und beklopfte die Wände.

Ich lachte und sagte laut zu Buccy, der sich immer noch neben mir entlangdrückte: »Da, siehst du! Wovor soll man hier Angst haben?«

Ich meinerseits war beruhigt, selbst wenn es Buccy nicht war, verließ die Küche und ging durch den hinteren Flur zur Kellertür. Als ich sie öffnete, begann Buccy heftig zu zittern und in panischer Angst zu winseln. Ich versuchte ihn zu beruhigen, und obwohl er aufhörte, solchen Krach zu machen, schlotterte er noch genauso.

Ich öffnete die Kellertür, tastete im Dunkeln nach dem

Lichtschalter, fand ihn und knipste ihn an. Ich werde nie verstehen, warum Keller immer so schlecht beleuchtet sein müssen. Dieser war keine Ausnahme. Das trübe Licht einer Glühbirne fand von unten um den Knick der Treppe herum nach oben. Mehr hatte ich nicht, um den Weg über die Steinstufen zu finden, die so abgetreten waren, daß sie weit älter schienen als der Rest des Hauses.

»Komm, Buccy«, sagte ich so laut und munter wie möglich. »Laß uns gehen.«

Ich begann, nach unten in den Keller zu klettern, tastete mich mit der einen Hand an der staubigen Wand entlang, während die andere, wie ich plötzlich bemerkte, immer noch das Nudelholz gezückt hielt.

Auf der fünften oder sechsten Stufe sagte mir Buccys klagendes Geheul, daß er mir nicht folgte.

Ich machte halt und drehte mich um. Da stand er an der Kellertür, und in ihm kämpften seine Furcht und sein Wunsch, bei mir zu sein.

»Hör mal, Buccy«, sagte ich tadelnd. »Ich gehe nach unten, egal was du davon hältst. Also entschließ dich gefälligst mitzukommen.«

Buccy setzte sich mit vor Angst irren Augen. So hatte ich ihn noch nie erlebt.

Ich stieg wieder hinauf, setzte mich auf den Flurfußboden und rieb ihm das hängebackige Gesicht.

»Lieber Buccy«, murmelte ich ihm ins Ohr. »Ich *muß* da runter, alter Knabe. Ich weiß, es ist ein bißchen gruselig und finster. Aber davon kann ich mich nicht abschrecken lassen. Es gibt nichts, wovor man Angst haben müßte, ehrlich. Höchstens vielleicht eine Maus oder zwei, und die stören dich nicht, höchstens mich. Willst du nicht mitkommen?«

Ich stand auf, gab ihm einen letzten ermutigenden Klaps und ging ein paar Stufen hinunter.

Buccy rührte sich nicht. Seine Zunge hing heraus, er hechelte und zitterte und gab insgesamt ein jämmerliches Bild ab.

»Na gut, dann bleib eben hier!« sagte ich, und aufgrund meiner eigenen Nervosität lag eine Schärfe in meiner Stimme, die ich nicht beabsichtigt hatte. Dann zwang ich mich, ihm den Rücken zuzudrehen, und machte mich auf den Weg in den Keller.

Dort gab es massenhaft Schatten! Es war ein großer Raum mit Wänden aus grob behauenem Stein. Vor langer Zeit waren sie gekalkt worden, aber jetzt waren sie überzogen mit schwarzem Staub und Spinnweben, die überall herumhingen wie zerrissene, schmutzige Spitze. Die Decke war niedrig – sogar ich mit meinen ein Meter sechzig mußte mich fast bücken, um den schweren Balken auszuweichen, die sie stützten. Der Fußboden bestand aus unebenen, abgetretenen Steinplatten.

Mehr als alles andere überraschte mich, daß der Raum leer war. Ich hatte die Art Gerümpel erwartet, die Leute im Keller unterbringen: Kohle oder alte Kisten, kaputte Möbel, ausrangierte Werkzeuge. Aber nein; da war nichts, nicht einmal ein Prügel Feuerholz.

Wie ich mir wünschte, Buccy wäre bei mir! Ich rief ihn leise, pfiff und schnalzte mit der Zunge. Aber nichts konnte ihn dazu bringen, zu mir zu kommen; er setzte sein klagendes Jaulen fort, das aus dem hinteren Flur zu mir heruntertrieb.

»Verräter«, murmelte ich vor mich hin.

Dann sauste etwas Kleines und Schwarzes und sehr Flinkes über den Boden. Ich unterdrückte den Schrei, der in mir hochstieg, rannte darauf zu und schlug mit dem Nudelholz auf die Erde. Das Geräusch hallte hohl in dem höhlenartigen Raum. Augenblicklich huschten unzählige andere schwarze Gegenstände nach allen Seiten davon.

Käfer!

Ich schauderte bei ihrem Anblick und stand da und starrte. Die Art und Weise, wie sie in Ritzen und Spalten verschwanden, die ich kaum sehen konnte, überraschte mich.

Aber zumindest sind Käfer lebende Wesen, dachte ich in einem Versuch, dem Zwischenfall etwas Tröstliches abzugewinnen.

Ich schaute mich wieder um. In diesem Raum war nichts zu sehen, was irgendwelchen Argwohn erregte. Unangenehm und unheimlich war er ja vielleicht, aber Spuk gab es hier keinen.

In der hinteren Wand war ein bogenförmiger Durchgang, der in einen kleineren Raum führte, nicht mehr als ein großes Loch. Ich ging ungern hinein, war aber entschlossen, bei meiner Geisterjagd nichts unversucht zu lassen.

Der Raum war ungefähr dreieinhalb Meter lang und halb so breit. Die Decke war noch niedriger als die im Hauptkeller und senkte sich von den Seitenwänden her zur Mitte, wo sie zwei oder drei Zentimeter über meinem Kopf verlief. Es sah aus, als presse von oben ein großes Gewicht darauf, wodurch sie in der Mitte durchhing. Ich hatte, während ich unter dieser Decke stand, das unbehagliche Gefühl, sie könne jeden Moment einstürzen.

Das Licht der Glühbirne des Hauptkellers schien durch den Türbogen herein und beleuchtete den Raum gerade so, daß ich etwas erkennen konnte. Ganz offensichtlich war hier einmal der Weinkeller gewesen, wo man die Fässer aufbewahrt hatte. Zumindest sagte ich mir das, da ich mir für so einen seltsamen, kleinen, fast kerkerartigen Raum sonst keinen Grund vorstellen konnte.

Als ich mich umsah, blieb mein Blick auf den Steinplatten in der Mitte des Fußbodens hängen. Sie waren sauberer, neuer als der Rest, als hätte man sie erst sehr viel später verlegt. Vier oder fünf der Steine waren so, und sie bedeckten einen zwei Meter langen und etwa einen Meter breiten Streifen.

Als nächstes wurde mir bewußt, daß die Luft hier durchdringend feucht war, so feucht, daß sie mir Kehle und Lunge zuschnürte. Das kam mir komisch vor, denn als ich die Wände berührte, waren sie ganz trocken und fühlten sich kein bißchen glitschig oder feucht an.

Vielleicht, dachte ich, gibt es eine Lüftungsöffnung, durch die die feuchte Luft hereinzieht.

Ich ging rundum, beklopfte die Wände und die durchhängende Decke mit dem Nudelholz, sah nach Öffnungen und horchte nach dem hohlen Klang, der ein dahinter liegendes Loch verraten würde. Nichts: alles solider, fester Stein.

Dann merkte ich, daß ich ganz unbewußt mein Taschentuch aus dem Ärmel gezogen hatte und es vor Mund und Nase hielt, als wolle ich mich gegen einen unangenehmen Geruch schützen. Ich nahm das Taschentuch weg und schnupperte. Augenblicklich brachte mich ein ekelerregender, süß-saurer Geruch zum Husten und Würgen.

Ich hielt sofort wieder das Taschentuch vor Mund und Nase und zog mich aus dem inneren Keller in den Hauptkeller zurück.

Zum ersten Mal in meinem Leben hatte ich jetzt wirkliche, schreckliche Angst, die ich nicht im geringsten erklären konnte. Aber plötzlich wußte ich, was Buccy gespürt hatte, und wünschte mir nur noch, aus diesem Raum fortzukommen. Kalte Schauder durchliefen mich.

»Buccy!« rief ich mit vor Verzweiflung schriller Stimme und hetzte auf die Treppe zu.

Aber ich kam nicht weiter als zwei oder drei stolpernde Schritte, bevor mich ein lautes Krachen wie angewurzelt stehenbleiben ließ. Was das Ganze noch unheimlicher machte, war die Tatsache, daß ich nicht einschätzen konnte, wo das Geräusch hergekommen war. Aber ich wußte, daß es nicht von Buccy stammte, und wußte – und das war noch viel beängstigender – ohne jeden Zweifel, daß das Krachen und der widerliche, ekelerregende Geruch und die feuchte Luft im kleinen Keller hinter mir auf irgendeine unerklärliche Weise miteinander verbunden waren.

Inzwischen hatte ich mich nicht mehr richtig unter Kontrolle. Ich zitterte heftig, meine Zähne klapperten, mir wurde schwach in den Knien. Ich öffnete den Mund, um noch einmal nach Buccy zu rufen, doch kein einziger Ton kam heraus.

Wie festgenagelt, bebend und keuchend und kurz davor, hysterisch zu werden, wartete ich. Ich rechnete jeden Moment damit, das Krachen wieder zu hören.

Was meine Aufmerksamkeit als nächstes erregte, war etwas unbeschreiblich Schlimmeres. Ich sah auf der Kellertreppe, dort, wo sie den Knick machte und für mich sichtbar wurde, eine Gestalt auftauchen, als sei sie vor meinen ungläubigen Augen aus der dicken Luft des Kellers entstanden. Zuerst konnte ich keine Einzelheiten erkennen; ich sah nur ein grausiges Glühen, nicht mehr. Aber eins wußte ich: Was es auch sein mochte, es war schlecht, gemein, böse.

Während ich schaute – ich konnte nichts anderes tun, denn ich war unfähig, auch nur einen Muskel zu rühren, mir fehlte die Kraft dazu – kam die verschwommene Gestalt auf mich zu. Sie bewegte sich nur langsam vorwärts, fast als glitte sie, geräuschlos. Abscheulich.

Zentimeter um Zentimeter kam sie. Ihr Herannahen schien kein Ende zu nehmen, und ich hatte das Gefühl, ich müsse mein Leben von jetzt an und bis in alle Ewigkeit damit verbringen, ihrem immerwährenden Vorrücken zuzusehen.

Und während sie kam, konnte ich allmählich genauere Einzelheiten erkennen; begann zu sehen, was es war.

Wie beschreibt man einen halb verwesten Leichnam? Denn das war es, was ich sah. Den Leichnam einer Frau, deren Körper fast vollkommen verhüllt war von ihren modernden Grabgewändern. Von ihrem Kopf hing langes, verfilztes Haar über ihr Gesicht und die Schultern. Als die Erscheinung nur noch einen Meter von mir entfernt war, konnte ich durch die Haare das scheußliche Gesicht sehen. Die Haut war auf den Knochen geschrumpft, die Augen waren leere, schwarze Höhlen, und die Zähne grinsten aus einem lippenlosen Mund.

Im selben Augenblick, als ich dachte, dieses furchtbare . . . Ding . . . würde mich berühren, wandte es sich ab, glitt vorbei und hielt auf den kleineren Raum hinter mir zu, wo es sich auf die Steinplatten stellte, die, wie mir aufgefallen war, neuer waren als der Rest.

Wie unter Zwang sah ich zu. Und jetzt, wenn ich an diese Nacht zurückdenke, kann ich kaum glauben, was als nächstes geschah. Mit einem knirschenden Geräusch, das mir in den Ohren hallte wie der schlimmste Donnerschlag, stürzte die Decke des kleineren Raumes ein, fiel auf die gespenstische Gestalt und begrub sie unter Steinen und Geröll.

Was danach geschah, weiß ich nicht mehr. Ich erinnere mich weder daran, daß ich den Keller verließ und die Stufen hochkletterte, noch an irgend etwas anderes. Ich muß entweder in blindem Entsetzen geflohen sein, oder ich wurde ohnmächtig, und als ich später zu mir kam, stolperte ich weg von dort, ohne richtig bei Sinnen zu sein. Wie auch immer, ich weiß nur, daß ich mich um ein Uhr in jener Nacht auf dem Küchenfußboden liegend wiederfand, während Buccy, der kaum weniger verängstigt wirkte als zuvor, neben meinem Kopf saß.

Ich war vollkommen verstört, doch es gelang mir, mich hochzurappeln und mir eine Tasse starken, süßen Tee zu machen, bevor ich mich in mein Schlafzimmer schleppte, wo ich sehr unruhig schlief, während der immer noch zitternde Buccy am Fußende quer über meinem Bett lag.

Am nächsten Morgen war ich ausgelaugt, griesgrämig und hatte Kopfschmerzen. Ich wäre für mein Leben gern den ganzen Tag im Bett geblieben und hätte mich erholt. Aber ich wußte, daß ich mich so benehmen mußte, als sei alles ganz normal. Tatsächlich machte ich mir große Sorgen wegen der eingestürzten Decke im Keller. Trotzdem hätte mich nichts dazu bewegen können, hinunterzugehen und den Schaden zu begutachten.

Mrs. Truelove war gerade mit dem Frühstück beschäftigt, als ich in die Küche kam; Albert räumte die Asche aus dem Herd. Ich sagte guten Morgen und setzte mich an den Tisch. Einen Augenblick lang verspürte ich das dringende Bedürfnis, ihnen alles zu erzählen, was sich in der Nacht zuvor ereignet hatte, aber es gelang mir, meinen Mund zu halten. Ich konnte mir Mrs. Trueloves Kommentare genau vorstellen! Nein: Das beste war es, wenn ich mir Albert alleine schnappte und mit ihm redete. Irgend etwas mußte unternommen werden, um die eingebrochene Decke abzustützen, und er wurde ja schließlich dafür bezahlt, daß er sich um derartige Dinge kümmerte. Irgendwie mußte ich die Sache mit ihm besprechen, ohne ihm zu sagen, wie es dazu gekommen war.

Nach dem Frühstück ging ich »einen Spaziergang im Garten machen«.

Da draußen in der frischen Morgenluft und mit dem Spätsommerhimmel, der ein funkelndes Blau war, begann ich zu denken, meine Erfahrung sei lediglich ein schlimmer Alptraum gewesen. Möglicherweise war ich schlafgewandelt und hatte mich deshalb in der Küche wiedergefunden? Vielleicht!

Zweifel machten mich ganz wirr im Kopf. Ich setzte mich auf den Rasen, legte mich zurück und starrte in den Himmel. Buccy streckte sich neben mir aus. Ich kraulte ihm die Ohren und überlegte.

Und setzte mich abrupt auf.

Derartige Dinge sollte ich geträumt haben? Ach was, ich hatte immer noch diesen widerlichen, unangenehm süßen Geruch in der Nase!

Mir wurde schwach in den Gliedern bei der Erinnerung. Und als ich daran dachte, wie dieser böse Geist auf mich zugeglitten war, bildeten sich Schweißtröpfchen auf meiner Stirn.

Ich schob die Gedanken fort, stand auf, ging mit großen Schritten im Garten auf und ab und versuchte dabei verzweifelt, ruhig und gelassen zu bleiben.

Buccy trottete treu hinter mir her. Ich kauerte mich nieder und tätschelte ihn.

»Wir müssen es einfach herausfinden, alter Knabe«, murmelte ich.

Er sabberte und sah zufrieden aus. Er kann soviel Streicheleinheiten vertragen, wie ihm irgendeiner zu geben bereit ist, dieses gefühlvolle Vieh!

»Morgen, Miss.«

Alberts Stimme ließ mich zusammenfahren. Ich machte vor Überraschung einen Satz, stolperte über meine eigenen Füße und fiel rückwärts auf mein Hinterteil.

»Albert!« sagte ich lachend. »Sie haben mich zu Tode erschreckt!«

»Sieht Ihnen gar nicht ähnlich, so nervös zu sein, Miss«, sagte Albert, und ich fragte mich, ob mehr in seinen Worten lag, als es den Anschein hatte. Ob er das mit dem Keller herausgefunden und sich die Sache zusammengereimt hatte?

Ich warf ihm einen mißtrauischen Blick zu, aber sein freundliches Lächeln war zu ehrlich, als daß man es hätte anzweifeln können. Ich mochte den alten Albert; er war ein sanfter Mensch und lustig.

115

Er bückte sich und tätschelte Buccy am Kopf. Wir kamen ins Gespräch, diskutierten über das Wetter (wie immer!), die Nachrichten, den Garten. Und der Garten gab mir die Chance, die ich suchte. Beiläufig sagte ich: »Albert, ich wollte Sie was fragen. Ich möchte das Haus im Auge behalten – dafür sorgen, daß es nicht vernachlässigt wird. Aber ich bin eine Null, was solche Dinge betrifft – sehen, ob es irgendwo feucht oder vom Holzwurm befallen ist und so weiter. Würde es Ihnen was ausmachen, sich das ganze Haus anzuschauen und mir Bescheid zu sagen, was getan werden muß?«

»Natürlich nicht, Miss. Sagen Sie mir nur, wo ich anfangen soll, dann kümmere ich mich um alles.«

»Ich dachte, Sie könnten es nach und nach erledigen. Es ist nicht nötig, daß Sie alles auf einmal inspizieren.«

Ich machte eine Pause. Albert nickte.

So weit, so gut, dachte ich.

»Wie wäre es, wenn Sie mit den Kellern anfingen? Die könnten Sie sich heute vormittag mal ansehen.«

»Nichts dagegen einzuwenden«, sagte Albert.

»Gut«, sagte ich. »Also abgemacht.«

Ich machte wieder eine Pause. Albert fuhr fort, Buccy an den Ohren zu kraulen, sah mich dabei aber unentwegt mit einem Grinsen an, das nicht nur ein höfliches Lächeln war.

»Tja«, sagte ich und stand auf. »Ich setze mich jetzt besser in Bewegung.«

»Ah«, sagte Albert, ohne sich zu rühren.

Ich wollte gerade weggehen, als er leise sagte: »Wenn Sie natürlich nur wollen, daß ich mir ansehe, ob die Decke vom kleinen Keller in Ordnung ist, dann kann ich mir das sparen.«

Ich blieb abrupt stehen und sah in eine andere Richtung.

»Die . . . die Decke vom kleinen Keller?« sagte ich und versuchte, Zeit herauszuschinden.

»Genau«, sagte er.

Das Spiel war aus. Es war sinnlos, die Unschuldige zu spielen.

»Waren Sie denn heute morgen schon unten?«

Er schüttelte den Kopf.

»Aber wie . . .?«

»Gestern war Freitag«, sagte er, als erkläre das alles.

»Und?«

»Ich hab' gestern früh zu Mrs. T. gesagt, daß Sie sich den Keller angucken würden, sobald wir abends weg wären.«

»Wie sind Sie darauf gekommen, Albert?«

»Ist doch logisch, oder? . . . Mrs. T. hat mir erzählt, daß sie mit ihr über die . . . Spukerei geredet haben. Ich wußte, Sie würden neugierig sein.«

Ich setzte mich wieder aufs Gras.

»Und Sie haben mich da runtergehen lassen?«

»Sehen heißt glauben, haben Sie gesagt, Miss. Es ist zwecklos, Leuten, die so was sagen, Vorträge zu halten, finden Sie nicht auch?«

Ich lachte. Er hatte recht.

»Eins zu null für Sie, Albert. Aber auf das, was mich da unten erwartete, war ich nicht so recht gefaßt.«

Er zuckte die Achseln.

»Was machen wir also mit der Decke?« fragte ich.

»Da kann man gar nichts machen, Miss.«

»Aber wir können sie doch nicht so eingestürzt lassen . . .«

Und dann wurde mir alles klar. Albert hatte nichts darüber gesagt, daß die Decke *wirklich einstürzte*. Ich starrte ihn an – auf seinem Gesicht lag immer noch das gleiche rätselhafte Grinsen.

»Hören Sie, Miss«, sagte er schließlich. »Die Decke ist in Ordnung. Sie denken, die sei runtergekommen. Ist sie aber nicht. Sie ist so solide wie eh und je, da können Sie Gift drauf nehmen.«

Jetzt stieg wieder die Erregung in mir hoch.

»Aber Albert, ich habe gesehen, wie sie runterkam. Sie fiel auf dieses . . . dieses . . .«

»Macht sie immer«, entgegnete er so sachlich, als sprächen wir übers Wetter.

»Wollen Sie damit sagen . . .?«

»Ich will damit sagen, daß jeder, der den Geist sieht, die Decke herunterkommen und auf ihn drauffallen sieht.«

Plötzlich spürte ich die Erleichterung, mit jemandem über all das zu reden. Im selben Moment begann ich zu weinen und stieß zwischen den Tränen die ganzen Einzelheiten meines Abenteuers hervor. Meines mißratenen Abenteuers vielmehr.

Der gute Albert saß da und hörte geduldig zu. Meine Heulerei war ihm kein bißchen peinlich.

»Ich hatte solche Angst, Albert«, sagte ich schließlich. »So gefürchtet habe ich mich noch nie. Und der Geruch war so widerlich und der Geist so ekelhaft!«

»Jetzt regen Sie sich mal nicht so auf, Miss«, murmelte Albert auf seine sanfte Altmännerart. »So schlimm, wie Sie denken, ist es auch wieder nicht. Jetzt wissen Sie, was Freitag nachts im Keller ist, und können sich raushalten. Und sowieso tut Ihnen das arme Gespenst nichts.«

Ich putzte mir laut die Nase in mein Taschentuch.

»Danke, daß Sie mir zugehört haben. Sie haben mir geholfen.«

»Möglich«, sagte er. Dann kicherte er. »Jetzt, wo Sie gesehen haben . . .«

Er brauchte den Satz nicht zu beenden. Ich lachte ebenfalls und nickte.

Aber obwohl ich es zu diesem Zeitpunkt nicht wußte, hatte ich noch nicht alles gesehen. Mir stand noch mehr bevor.

Am nächsten Freitag bot Albert an, in Compton Court zu

schlafen, um mir »nach der letzten Woche moralische Unterstützung zu geben«, wie er es ausdrückte. Ich hätte mir denken können, daß der gerissene Alte mehr damit sagen wollte, als er auch wirklich aussprach. Aber ich ließ die Gelegenheit vorübergehen.

»Das ist wirklich nicht nötig«, sagte ich munter. »Ich halte mich vom Keller fern, das kann ich Ihnen versprechen. Und Buccy ist als Gesellschaft genug. Kein Problem.«

Um die Wahrheit zu sagen, verbot es mir mein Stolz, das Angebot des alten Mannes anzunehmen. Ich war fest entschlossen, den Beweis zu erbringen, daß ich mutig genug war, mich mit einem Gespenst allein unter einem Dach aufzuhalten. Was lediglich zeigt, wie nahe Stolz und Dummheit beieinanderliegen!

Der Abend ging ruhig vorüber. Ich fand zwar, daß die Schatten wieder dunkler waren als gewöhnlich, trotz des herrlichen, strahlenden Sonnenuntergangs. Aber ich sagte mir, das sei nur meine Einbildung.

Um halb zwölf ging ich ziemlich zufrieden mit mir hinauf ins Bett. Kein bißchen Angst hatte ich gehabt. Ich hatte kein lautes Krachen aus den Kellern gehört und keine Spur eines Gespensts gesehen. Eine Stunde lang las ich, während Buccy schwer atmend und in tiefem Schlaf versunken neben mir lag. Dann knipste ich das Licht aus und war bald fest eingeschlafen.

Buccy weckte mich einige Zeit später, als er mit einem verstörten Jaulen vom Bett sprang.

Ich drehte mich auf den Rücken und öffnete die Augen. Und da war es! Nur einige Zentimeter von meinem Gesicht entfernt. Ein unnatürliches Glühen in der Rabenschwärze des Zimmers. Der Schreck fuhr mir derart in die Glieder, daß ich mich nicht mehr rühren konnte. Nur noch unverwandt starren konnte ich.

Ich sah ein aufgedunsenes Gesicht, viel größer als jedes

Gesicht, das ich je gesehen hatte. Es hing in der Luft über mir. Körper war keiner zu sehen, nur dieser aufgeblähte, abgetrennte Kopf. Die Augen lagen tief in den Höhlen. Dichtes, strähniges Haar fiel verfilzt und verknotet von der Mitte des Schädels. Die Haut im Gesicht war gefleckt von eiternden Stellen, die wie schwere Verletzungen wirkten. Die Lippen waren breitgezogen und spannten sich über der Mundhöhle, wodurch Zähne und Zahnfleisch freilagen und der Kopf boshaft zu grinsen schien.

Während ich zusah, öffnete sich der Mund, und eine schwarze, aufgequollene Zunge schlenkerte darin hin und her. Und aus dem Mund kam derselbe ekelerregende Geruch, der mir im Keller Brechreiz verursacht hatte.

Ich wollte schreien, wollte mich übergeben, konnte es aber nicht. Ich konnte nur starr vor Furcht daliegen und dieses schauerliche Ding hilflos anstarren.

Einige Minuten lang hing das Gesicht unverändert, nur Zentimeter von mir entfernt, in der Luft. Doch dann begann es langsam hin und her zu schwanken; und während es das tat, schwangen und klapperten und wackelten die Haare, der offene Kiefer und die aufgeblähte Zunge auf makabre Weise hin und her, und Welle um Welle dieses widerwärtigen Geruchs kam aus dem Mund gequollen und über mein Gesicht geweht.

Ich hatte keine Ahnung, wie lange das so ging. Mir kam es damals endlos vor. Aber dann begann sich das Gespenst endlich von mir wegzubewegen, und während es das tat, verlor es an Leuchtkraft und wurde immer kleiner, bis es schließlich von der Schwärze meines Zimmers verschluckt wurde und verschwand.

Sobald der Geist weg war, erholte ich mich. Augenblicklich ging meine Übelkeit weg, und ich konnte mich wieder rühren.

Ich sprang aus dem Bett und knipste das Licht an.

Buccy kam hergerannt – er hatte sich in der Ecke unter einem Stuhl versteckt – und drückte sich immer noch zitternd gegen mich.

Zusammen saßen wir die ganze Nacht kerzengerade und hellwach auf meinem Bett.

Am nächsten Morgen schnappte ich mir Albert.

»Sie alter Halunke!« schimpfte ich. »Sie wußten, daß etwas passieren würde.«

»Zufällig«, sagte er, »war ich mir da nicht so sicher.«

»Aber warum haben Sie mir nichts gesagt?«

Er sah mich auf seine altmodische Art an.

»Also wirklich, Miss!«

»Na gut – ich hätte nicht auf Sie gehört.«

»Nur manche sehen den Kopf. Ihre Tante, Miss Florence, also die hat ihn nie gesehen. Sagte, das wär' alles Unsinn. Aber ich seh' ihn. Genau wie Mrs. T.«

»Und ich!« sagte ich kläglich. »Ich wollte, ich hätte eine Erklärung für das Ganze.«

Ich hätte es mir ja denken können. Albert hatte eine!

»Bevor dieses Gebäude vor ungefähr zweihundert Jahren gebaut wurde«, erzählte er mir, »stand hier ein kleines Haus. Man sagt, 'ne alte Jungfer hätt' darin gewohnt. 'ne alte Dame. Massenhaft Geld. Aber geizig, verstehn Sie. Sie hat 'ne alte Witwe zu sich genommen, die gerade schlechte Zeiten durchmachte. Die alte Dame wollte Gesellschaft, und das war 'ne billige Art und Weise, welche zu kriegen. Aber ganz plötzlich hat die alte Witwe die geizige Dame vergiftet und sie unter den Fußbodenplatten begraben – da, wo jetzt der Keller ist. Man hat nie rausgefunden, daß sie's war, und außerdem hat sie das Geld und den Besitz von der Jungfer geerbt.

Nun ja, man sagt, Jahre später sei das Haus so heruntergekommen gewesen – die Witwe war nämlich genauso knausrig wie die alte Dame, die sie umgebracht hatte –, daß es eines Nachts bei einem schlimmen Sturm umgeweht wurde. Und das Dach ist auf die Witwe gefallen und hat sie erschlagen.«

»Also ist das Gespenst im Keller der Geist der alten Witwe, wie sie auf dem Grab ihres Opfers steht und dann vom einstürzenden Haus getötet wird, und der Kopf oben ist der von der vergifteten alten Jungfer?«

»So denk' ich mir's, Miss.«

»Was für eine außergewöhnliche Geschichte!«

»Und ob! Es gibt nichts Verrückteres auf der Welt als die Menschen.«

Tja, so war das also, als ich nach Compton Court zog, um zu beweisen, daß es keine Gespenster gibt. Ich bin mir nie darüber klar geworden, ob ich Alberts Erklärung glauben soll oder nicht. Aber eines weiß ich sicher. Gespenster *existieren.* Ich habe welche gesehen.

Was ich mit dem Haus gemacht habe? Nach einigen Schwierigkeiten fand ich einen Käufer, der nicht an Gespenster glaubte. Sehen heißt glauben, sagte er, und er hatte nie eines gesehen. Ich lächelte und verkaufte ihm gern das Haus. Aber das Komische ist, daß er bis jetzt nichts gesehen hat, was ihn überzeugen könnte, daß meine Geschichte wahr ist. Er lebt glücklich in Compton Court, zusammen mit seiner Frau und fünf Kindern, die mit unerschöpflicher Energie quer durch das ganze Gebäude toben.

Was Albert und Mrs. Truelove angeht, so sind sie noch dort und sorgen jetzt für ihre neuen Arbeitgeber. Mrs. Truelove ist ständig damit beschäftigt, die Kinder auszuschimpfen; Albert meistens damit, sich neue Streiche auszudenken, die sie machen könnten.

Als ich die beiden das letzte Mal sah, redeten wir wie immer über Gespenster.

»Sehen heißt glauben«, sagte Albert. »Aber mir scheint, es gibt welche, die sehen können, und andere können's nicht.«

»Ein Glück«, sagte Mrs. Truelove und schniefte.

GEORGE MACKAY BROWN
Ivor

Vor zehn Jahren mietete meine Mutter in Hamnavoe auf den Orkney-Inseln ein Haus für den ganzen Sommer. Meine Mutter ist eine ernsthafte Archäologin, und dort gab es für sie massenhaft alte Monumente zu erforschen. Außerdem fand in jenem Sommer eine Ausgrabung statt – ein tausend Jahre alter Wikingerhof.

Mit dem Zug und der Fähre reisten wir gen Norden, meine Mutter, meine drei Schwestern, die älter sind als ich, und meine verängstigte, seekranke Wenigkeit. (Meine Eltern sind geschieden; mein Vater taucht in dieser Geschichte nicht auf.) Die Fähre *St. Ola* fuhr unter den riesigen roten Klippen der Insel Hoy hindurch, den höchsten, senkrecht abfallenden Klippen Großbritanniens.

Das Haus, in dem wir wohnen sollten, stand auf einer steinernen Mole oder Landungsbrücke, die in den Hafen des kleinen Städtchens hinausragte – ein altes, dreistöckiges Steinhaus aus dem achtzehnten Jahrhundert.

Die Landungsbrücke teilten wir uns mit einem alten Ehepaar, das in einem anderen Haus wohnte. Der alte Mann mit der Matrosenmütze musterte uns mit unverhohlener Neugier, als wir unser Gepäck nach drinnen schleppten. Die alte Frau verschwand nach einem schüchternen Blick in ihrem Haus.

»Ich möchte wetten«, sagte ich gegen Ende unseres Abendessens, »daß es in diesem Haus einen Geist gibt.«

»Unsinn«, sagte meine Mutter. »Ich lebe seit vierzig Jahren in prähistorischen Häusern und in neuen Bungalows, und ich habe noch keine einzige übernatürliche Erfahrung gemacht.«

»Ein alter Seemann mit einem Holzbein«, sagte ich. »Er muß Pirat gewesen sein. Er trägt eine Augenklappe. Unter dieser Steinplatte da ist seine Kiste mit dem Gold vergraben!«

»Hör auf mit dem Geschwätz!« rief Matilda. »Ich werde heute nacht nicht schlafen können.«

»Einen Geist gibt es, das ist richtig«, sagte Maud. »Eine große, dunkle Dame. Sie starb an der Liebe. Sie erscheint da draußen, wenn Vollmond ist.« Und Maud deutete auf den kleinen Hof des Hauses, der übers Meer hinaus gebaut war.

Matilda hielt sich die Ohren zu, rannte aus dem Haus und ließ die Überreste von ihrem Ei mit Pommes frites auf dem Teller zurück.

»Ich sagte, das reicht!« befahl meine Mutter ziemlich scharf. »Ich will keine Streitereien in diesen Ferien.«

Nach einem kurzen Schweigen sagte meine älteste Schwester Maria, die schon das ganze Jahr über in Shelleys Gedichte* vertieft war: »Keine *persönlichen* Geister – natürlich nicht. Es gibt nur den *einen Geist des Universums,* aus dem wir kamen und zu dem wir zurückkehren werden.«

Meine Mutter schenkte uns allen noch eine Tasse Tee ein.

Nach dem dritten Tag sagte ich mir: »Das sind die allermiesesten Ferien, die ich je erlebt habe! Das steht fest! Das steht fest!« Und ich warf noch einen einsamen Stein ins einsame Meer.

Meine Mutter war den ganzen Tag von früh um neun bis Sonnenuntergang unterwegs und buddelte alte Wikingersteine aus, als wären es Juwelen.

Meine Schwestern gingen ihre eigenen Wege. Maria malte Aquarelle; fahle, fade Dinger, nach meinem Geschmack mit zuviel »Geist des Universums« darin. Matilda und Maud waren ständig bei Ponys und Ponyliebhabern in einer Farm auf der anderen Seite der Bucht.

Drei Tage lang war keiner auf dieser Mole außer mir und dem alten Nachbarn, der aus seinem Korbstuhl neben der Haustür zornig zu mir herüberstarrte. (Es war Hochsommer – wie es schien, waren alle Jungen von Hamnavoe nach Süden in die Städte gereist, um dort Ferien zu machen – oder in Jugendlager, zu Tagungen oder in eine Musikschule.)

Ich hatte die Nase voll davon, mich mit Möwen und dem schwarzen Kater des alten Mannes zu unterhalten, obwohl es ein nettes Kerlchen war, das seinen Kopf an meinen Knöcheln rieb und mir vorsang.

Eines Morgens nahm ich meinen Mut zusammen, um den alten Mann mit dem bösartigen Gesicht anzusprechen. Ich näherte mich diagonal und auf Umwegen, mit vielen Unterbrechungen und Schlenkern und kurzen Untersuchungen von Wolken und Butterblumen.

* P. B. Shelley, geb. 1792, engl. Dichter der Romantik; 1822 Tod durch Ertrinken

Schließlich konnte die Begegnung nicht länger hinausgezögert werden. Er paffte an seiner Pfeife und spuckte. Er roch nach Rum.

»Erzählen Sie mir«, stammelte ich, »von dem Geist auf dieser Mole, dem alten Piraten.«

Er starrte mich zornig an. Ein Auge war grau und eines grün. Sein unrasiertes Gesicht war so stachelig wie eine Distel.

»Geist!« schrie er. »Was für ein Geist? Was für einen Unsinn redest du da? Was weiß ein junger Spund wie du über Geister?« Er schnaubte, paffte an seiner Pfeife und spuckte. »Es gibt massenhaft Probleme in der Welt, auch ohne Geister, glaub mir. Da gibt es alte Weiber, zum Beispiel, die unentwegt meckern und keifen . . . Dieser Barmann, der hat mir ein letztes Glas Rum verweigert, weil mir ein Shilling fehlte . . . mir, seinem besten Kunden! Wenn du mich fragst, sind Geister was Gutes, verglichen mit den Lebenden.«

Er paffte dreimal gewaltig an seiner Pfeife und spuckte einen solchen Klumpen aus, daß er ein Gänseblümchen, das zwischen den Bodenplatten der Mole wuchs, halb in Tabakgift ertränkte.

In diesem Moment merkte ich, daß sich eine dritte Person dem Dialog – wenn man ihn so nennen konnte – zugesellt hatte.

Es war die alte Betsy, die Frau des Menschenfeindes. Sie hielt einen weißen Teller mit einer Scheibe Ingwerkuchen darauf. »Da«, sagte sie lächelnd. »Er ist gut.«

Sie war eine liebe alte Frau, diese Betsy.

Der alte Fred starrte feindselig in die Stille. Seine Pfeife knisterte und verbreitete einen üblen Geruch. Er selbst stank nach abgestandenem Rum.

Schließlich, am fünften Tag, fand ich einen Freund.

Ich saß am Rand der Mole, meine Füße baumelten über

dem Wasser, und ich versuchte, diese kleinen, silbergrauen Fische zu fangen, die man dort »Sillocks« nennt.

Ich fing nichts. Es gab massenhaft Sillocks im Wasser, ganze Schwärme, Legionen. Aber sie ignorierten meinen mit einem Köder versehenen Haken.

Ich drehte mich um. Einen Meter von mir entfernt saß ein Junge, ließ die braunen Beine baumeln und sah tief ins Wasser, das ein Netz aus unruhigen Lichtschimmern heraufwarf in sein Gesicht.

»Oh, hallo«, sagte ich überrascht.

Er lächelte, sagte aber nichts.

Als hätte das Auftauchen dieses seltsamen Jungen die Sillocks irgendwie verhext, bissen sie einer nach dem anderen an, und ich zog sie im Bogen auf den Pier – kleine funkelnde Blitze. So aufgeregt war ich noch nie! Es waren die ersten Fische, die ich jemals gefangen hatte.

Bald hatte ich zwanzig Sillocks neben mir am Rand der Mole liegen. Manche hatten im Tod ihren Glanz verloren, einige wenige rutschten matt herum, die zuletzt gefangenen wanden sich und schimmerten noch in der Sonne.

Da tauchte ganz plötzlich der schwarze Kater Tinker auf. Wie ein reicher Geizhals vor seinen Silberbarren führte sich Tinker über diesen ausgebreiteten Sillocks auf. Und wie er sang!

Aber der Junge mit dem weizenfarbenen Haar, der war nicht mehr da. So still, wie er gekommen war, war er verschwunden.

Ich nahm die Sillocks und zeigte sie dem alten Fred, der natürlich draußen in seinem Stuhl saß.

»Nicht schlecht, Junge«, sagte er. »Du lernst. Aus dir machen wir noch einen Fischer.«

Die alte Betsy stand plötzlich in der Tür, diesmal mit einem Glas Ingwerlimonade in der Hand.

»Molen-Sillocks«, sagte der alte Mann. »Die sind nichts.

Arme Teufel. Versuch lieber, die Angel draußen an der Hafenmündung auszuwerfen. Dort ziehst du die Großen raus, die du dir zum Abendessen braten kannst. Die da – puh! – die taugen nur für Katzen.«

Betsy sagte: »Du kannst unser Ruderboot da unten auf der Schlippe benutzen, wann immer du magst. Aber fahr nicht zu weit raus. Es ist gefährlich – der Gezeitenstrom . . .«

»Komisch«, sagte ich und gab ihr das leere Glas zurück, »die Fische fingen erst zu beißen an, als dieser Junge kam und sich neben mich setzte.«

»Junge?« sagte der alte Fred. »Welcher Junge? Ich war den ganzen Vormittag hier, und ich hab' keinen Jungen gesehen. Ich mag Jungen nicht. Jungen sind hier nicht willkommen.«

Das Wetter war weiterhin schön. Schließlich hatte ich die Nase voll davon, Sillocks zu angeln.

Ich machte von dem Angebot Gebrauch, die *Sheena*, das Ruderboot des alten Mannes, zu benutzen. Nach ein bißchen Planscherei und Zickzackfahrt an der Hafenpromenade entlang stellte ich fest, daß ich mit den Rudern ganz gut zurechtkam.

Vor dem Ort liegen draußen auf dem Wasser zwei unbewohnte kleine, grüne Inseln. Ich nahm mir vor, mir nach dem Frühstück am nächsten Morgen ein Paket mit Eier-, Käse- und Tomatensandwiches und einigen Flaschen Limonade zu machen, zur hinteren Insel zu rudern und ein kleines, privates Picknick zu veranstalten.

Meine Mutter hatte sich mit einem Spaten zu ihren alten Steinen in zwanzig Kilometer Entfernung auf den Weg gemacht. Meine Schwestern waren mit Pferden beschäftigt oder versuchten, den »Geist des Universums« mit Hilfe von Aquarellfarben wiederzugeben.

Der alte Fred saß in seinem Stuhl und paffte wie wild – ein Zeichen, daß er an diesem Morgen schlechte Laune hatte.

Tinker, der Kater, beobachtete mich mit goldenen Augen von der Gartenmauer.

Kaum hatte ich die *Sheena* zu Wasser gelassen, als ich den fremden Jungen sah; er saß im Heck. Ich befestigte die Ruder in den Dollen und wendete das Boot.

»Hallo«, sagte ich, »wie um alles in der Welt, bist denn du an Bord gekommen?«

Wieder keine Worte; nur das bezaubernde Lächeln, als wäre die ganze Frische und vergängliche Schönheit des Sommers in einem einzigen Gesicht gesammelt.

Ich kann gar nicht sagen, wie froh es mich machte, daß er da war und das Boot mit mir teilte.

Auf dem grünen Inselchen verbrachten wir den glücklichsten Tag meines Lebens. Wir badeten an der Hinterseite der Insel im Meer. Wir rannten in der Sonne und im Wind herum, bis wir trocken waren. Diese Sandwiches – kein Wildfleisch, kein königlicher Schwan, kein Kaviar haben jemals, glaube ich, so köstlich geschmeckt – mit silbern tonloser Meeresmusik rings umher! Und kein Champagner, kein roter Bordeaux aus gutem Jahrgang konnte den drei Flaschen Limonade das Wasser reichen, die wir miteinander teilten.

Inzwischen fuhr die Fähre von den südlichen Inseln in den Hafen, und ein blaues und ein weißes Fischerboot liefen mit kreischendem Möwengetümmel am Heck vom Atlantik ein.

Wir ruderten durch die Bugwellen der größeren, aus Schottland kommenden Fähre, der *St. Ola*, zurück. Die *Sheena* tanzte so beängstigend auf und ab, daß ich für eine Sekunde oder zwei befürchtete, wir würden untergehen. Mein Gesicht war kalkweiß geworden, das wußte ich. Mein

Freund lachte vor Begeisterung. Bald waren wir wieder in ruhigem Wasser und machten Ruderwirbel und Ruderplatscher auf dem Spiegelglanz der Bucht.

Sobald die *Sheena* die Schlippe berührte, war der Junge auf und davon . . .

Der alte Fred war in seinem Sessel eingeschlafen. Seine kalte Pfeife hielt er in der Hand.

Ich klopfte an der Tür. Ich erzählte Betsy, was für ein wunderschöner Tag es gewesen war, und dankte ihr für das Borgen des Bootes. »Aber ich hätte nicht soviel Spaß gehabt«, sagte ich, »wenn der Junge nicht gewesen wäre.«

»Welcher Junge?« sagte die freundliche alte Frau. »Warst du denn nicht allein?«

Mir fiel schlagartig ein, daß er mir seinen Namen gar nicht gesagt hatte. Tatsächlich hatte er kein einziges Wort von sich gegeben. Wie eigentümlich das war, kam mir plötzlich zum Bewußtsein.

»Ich weiß nicht«, sagte ich. »Er hat so weizenfarbenes Haar.«

Die alte Betsy sah mich verwundert an.

Der alte Mann schnarchte und schnarchte wie eine stumpfe Säge, die sich durch Holz frißt.

»Solche Jungen gibt es hier in der Gegend nicht«, sagte Betsy. »Nicht, daß ich wüßte.« Es war, dachte ich, ein leichtes Zittern um ihren sanften, verwelkten Mund.

»Er ist stumm«, sagte ich. »Bestimmt ist er stumm.«

Sie fuhr fort, den Kopf zu schütteln.

»Ich glaube«, sagte Betsy ungefähr eine Woche später, »ich habe noch nie einen so schönen Sommer erlebt wie diesen, nicht mal als kleines Mädchen. Du hast Glück. Manche Sommer können kalte, trostlose Zeiten sein, das kannst du mir glauben.«

Meine Mutter und meine drei Schwestern, die jeden

Abend von ihren verschiedenen Beschäftigungen heimkamen, sahen mehr und mehr wie Zigeunerinnen aus. Auch in meine Handrücken und in meine langen, mageren Beine war die Sonne tief eingesickert. Jeden Morgen, wenn ich mir das Gesicht abtrocknete, blitzte mir aus dem Spiegel eine Art wildes Indianergesicht entgegen.

Über Geister wurde nicht mehr gesprochen in unserem Haus. Die Freiheit der vier Lebenselemente reichte uns.

Nur der alte Mann in seinem Korbstuhl schien nicht glücklich zu sein. »Rheuma!« knurrte er. »Das Rheuma sitzt mir in der Schulter dieses Jahr – das erste Mal, daß ich dort Rheuma habe. Als würde sich ein Stück rostiger Stacheldraht hin und her bewegen, hin und her, durch die Knochen.«

Ich murmelte, es ginge ihm hoffentlich bald besser.

»Glaub mir, Junge«, sagte er, »wünsch dir nie, ein alter Mann zu sein wie ich. Es ist nicht erstrebenswert – keinesfalls was, das man sich wünschen sollte. Hätt' ich meinen Rum und meine Pfeife nicht, ich hielte keine einzige Woche mehr durch.«

»Dir fehlt die Dankbarkeit, und zwar gewaltig«, sagte Betsy. Sie erschien kurz an der Tür, warf den Vögeln eine Handvoll Krumen zu, dann wandte sie sich ab, um wieder nach drinnen zu gehen. »Ein selbstsüchtiger, undankbarer alter Mann bist du, und das warst du schon immer.«

Fred knurrte und schnitt sich mit einer stumpfen, schimmernden Messerklinge schwarzen Rollentabak in die Handfläche.

»Es gibt nur eins, was schlimmer ist als das Alter«, sagte er, »und zwar, wenn man in der Jugend weggerafft wird – ja, wenn man plötzlich geholt wird, wie eine Rose, die ein dummer Bauerntrottel beim Vorübergehen von einem Busch reißt.«

Ich hätte schwören können, daß ich zwei Tränen sah, eine

in jedem der bösen, alten Augen. Aber vielleicht waren es auch nur die abgenutzten Prismen, die in der Sonne bebten.

Sogar die *Sheena* wurde mir langweilig nach einer Woche oder zehn Tagen, die ich allein im Hafen herumzuckelnd verbrachte. Mein stiller Freund, der schöne Goldhaarige, war seit dem Inselpicknick nicht mehr aufgetaucht.

Warum sollte ich mir verlassen vorkommen, ja, fast so, als hätte man mir etwas gestohlen, bloß weil ein Junge, dessen Namen ich nicht wußte, so selten und unberechenbar war wie ein Regenschauer oder ein plötzlicher Sonnenblitz auf dem Wasser?

Jene Tage, an denen er nicht da war, waren trostlos und leer, mochte der große, rote Sonnenkrug seine Pracht aus Licht und Wärme noch so sehr über die Sommerinseln kippen.

Eine weitere Woche verging; zehn Tage. Immer noch kam er nicht. Ich hätte die Gelegenheit ergreifen können, den kleinen Ort und die Strände und Hügel ringsum zu erkunden; aber ich befürchtete, er könnte kommen und wieder gehen, wenn ich mich von der Mole entfernte, selbst wenn es nur für eine Stunde war.

So lungerte ich einen goldenen Tag um den anderen an der Mole herum und ertrug das Gemecker des alten Mannes.

Manchmal kam er nach Rum stinkend von der Kneipe zurück, und dann war er noch schwieriger und übelgelaunter als sonst. Und ob Betsy ihn schalt oder freundlich zu ihm war, machte nicht den geringsten Unterschied.

Immer hatte sie lächelnd eine Handvoll Süßigkeiten für mich oder ein Glas ihrer hausgemachten Limonade.

»Es ist einsam für dich hier«, sagte sie. »Keiner, mit dem du reden kannst, außer Tinker, den Möwen und diesem alten, besoffenen Kerl. Du solltest mal morgens den Bus nach Kirkwall besteigen und die St. Magnus-Kathedrale besichtigen. Oder du nimmst die Fähre, die durch die Scapa-Flow-Bucht zu den südlichen Inseln fährt. Für Jungen ist es nicht gut, einsam zu sein.«

Ich konnte dieser netten alten Frau nicht sagen, was mich Tag für Tag an die steinerne Mole fesselte.

Nachts träumte ich oft von meinem Freund, dessen Namen ich nie erfahren hatte. Es waren so seltsame, wunderschöne Träume, wie ich sie nie zuvor hatte und nie mehr danach. Immer sprudelte der goldhaarige Junge in diesen Träumen über vor Glück – solche Freude und Begeisterung hatte ich in meinem eigenen Leben nie gekannt. Und in jedem Traum drängte er mich, ihm zu folgen. »Komm!« rief er dann. »Komm jetzt, schnell!« Und ich sehnte mich danach, mit ihm zu gehen, an den Stränden, den vogelreichen Lochs und den Hügeln entlang. Aber in den Träumen kam ich nicht weg; ich schien durch einen Zauber an dieses kleine Gebiet aus wellenumspülten Steinen gefesselt: die Mole, die Schlippe, den Hof und unser leeres Haus.

In einem Traum trug er einen Eimer aus Zink, der halbvoll war mit in Felsentümpeln gesammelten Schalentieren: Strandschnecken, Muscheln, Napfschnecken. »Schau!« rief er. »Schau dir das an – wenn du bei mir wärst, hätten wir die doppelte Menge.« Ich wäre liebend gern bei ihm gewesen – ich konnte mich nicht rühren – es war, als stünde ich in Honig getränkt.

Einmal war er in meinem Traum auf einem Hügel, er hatte Blumen gesammelt: Lupinen, Mädesüß, Ringelblumen, Margeriten, Schwertlilien. Sein Gesicht war geheimnisvoll und von den duftenden Schatten verschleiert. »Hier ist mehr, als ich tragen kann!« rief er in den Wald. »Ich habe den ganzen Sommer in meinen Armen – schau, es ist zuviel; da ist eine Ringelblume zu Boden gefallen! Du mußt kommen und mir helfen. Bitte . . .«

Wie immer war ich an meine graue, normale Welt gekettet. Waren da Tautropfen auf seinem Gesicht oder Tränen?

Es war eigenartig: Obwohl der Junge während unserer wenigen Begegnungen tagsüber nie ein einziges Wort gesagt hatte, schallte seine Stimme in den Träumen wie eine neue, melodische, im Wind hängende Glocke, sprühend vor Lebensfreude in diesem überreichen Hochsommer zwischen Kindheit und Jugend: die eine goldene Zeit, die, wie ich inzwischen weiß, keine Scham oder Schuld kennt. »Komm«, rief er. »Willst du alt und häßlich werden wie der alte Kapitän Fred?«

Im letzten Traum ging ich einen trostlosen Strand entlang. Ich war unglücklich. Ich war auf der Suche nach meiner Mutter und meinen Schwestern. Ich wollte sie bei mir zu Hause haben, und zwar aus einem eigenartigen Grund: Ohne sie fühlte ich mich bedroht. (Das war ungewöhnlich – normalerweise war ich froh, wenn sie sich mit einem Kuß von mir verabschiedeten und zu ihren Pferden, den alten Steinen, den Aquarellfarben gingen, nachdem das Frühstücksgeschirr weggeräumt war.) In dem Traum, während ich auf dem nassen Sand lief, sehnte ich mich schmerzlich nach ihnen.

Plötzlich war der Junge da in dem Traum. Er trug einen großen, weißen, stillen Meeresvogel in den Armen. »In wenigen Tagen«, sagte er mir, und seine Worte waren herzzerreißend schön zwischen den Meeresgeräuschen, dem atlantischen Tosen und Flüstern und Einlullen, »nächste Woche gehen wir beide irgendwann einmal morgens zu den Klippen. Sieh dir die dort drüben an, im Norden – Black Crag –, dort gehen wir hin, du und ich, nur wir beide. Es gibt nichts Schöneres auf der Welt, Junge, als dort zwischen den Wolken und den Wellen zu hängen. Man geht von einer Felsnische zur anderen, hinauf und hinunter und kreuz und quer, und die Vögel sind ein weißer, kreischender Chor rings um deinen Kopf! Versprich, daß du mitkommst.«

»Ich werd's versuchen!« sagte ich. »Aber ich habe gemerkt, daß es für mich schwer ist, von hier wegzugehen.«

Er lachte. »Du wirst kommen«, sagte er. »Wir werden für immer so frei sein wie die Vögel.«

Dann begann der weiße Vogel in seinen Armen um sich zu schlagen und sich zu wehren. Er kreischte dem Jungen ins Gesicht. Er riß sich halb los. Eine seiner Schwingen legte sich über den Mund des Jungen . . . In diesem Augenblick lyrischer Gewalt erwachte ich, und in mir war eine Trostlosigkeit, wie ich sie noch nie verspürt hatte . . .

Drei weitere Tage vergingen. Unzufriedener als jemals zuvor lungerte ich an der Mole herum. Immer noch türmte sich im Süden riesig die Sonne auf. Drei öde, traumlose Nächte verstrichen. Ich erhob mich zu einem Frühstück mit vier schnatternden, kaffeetrinkenden, briefelesenden Frauen.

Der alte Mann Fred war mürrischer denn je. Sogar die alte Betsy schien gedrückt, als die ersten Augusttage kamen.

Ich faßte plötzlich einen Entschluß, daß ich genug davon hatte, trübe an dieser Mole herumzuhängen. Ich würde Betsys Rat befolgen und einen kleinen Erkundungsgang machen.

Ich verließ die Mole nach dem Frühstück. Die Frauen des Hauses waren schon fort. Tinker, der Kater, jagte unter der Wäscheleine einen Schmetterling.

Ich schlug den Weg ein, der um den Strand von Hoy Sound, einer Meeresenge, führt. Dort sind im Süden, jenseits von einem tobenden, ungestümen Gezeitenstrom, zwei Inseln – Graemsay, eine kleine, grüne Insel mit verstreut herumliegenden Booten und zwei Leuchttürmen darauf, und Hoy mit seinen hoch aufragenden, blaunarbigen, gletschergerundeten Bergen. Betsy hatte mir von dem Strand namens Warbeth erzählt, der gut geeignet war, um dort Picknick zu machen, zu baden und Felsentümpel zu plündern, und vom Black Crag, einem gefährlichen Ort dahinter. »Komm bloß dem Black Crag nicht zu nah!« hatte sie mich gewarnt und mit dem Finger gedroht.

Da lief ich, zwischen Meeresfunkeln und einschläferndem Geplätscher.

Was Betsy mir nicht gesagt hatte, war, daß der Weg am Friedhof oder Kirchhof oder, wie die ältesten Leute in ihrer wunderlichen Art sagten, am »Gottesacker« vorbeiführte.

Diese schwarze Wabe des Todes ließ mich anhalten. Ein Lager von tausend Steinen: Ich brachte es nicht einmal über mich, an der Mauer entlang außen herumzugehen, obwohl auf der anderen Seite offen und frei der Atlantik lag. Die wunderbare Ozeanmusik war schon in meinen Ohren.

Ich war eben dabei, kehrtzumachen, als ich den Jungen ganz allein auf dem Friedhof sah. Er schien vor allem in der Nähe eines bestimmten Steines zu verweilen. Ich rief nach ihm, doch er beachtete mich nicht. Auf seinem Gesicht lag ein höchst überraschender Ausdruck; Verwunderung, Furcht, eine Art erwachende Freude. Einmal streckte er den Finger aus und berührte den Stein.

Ich rief wieder nach ihm. Wieder beachtete er mich nicht. Ich rannte, ich stolperte in meiner Eile, verletzte mir an einer Kante das Knie, rannte durchs Tor hinein und zu ihm.

»Warte, ich komme! Da – ich bin's! Ich gehe mit, wohin du willst . . .«

Er war nicht da. Keiner war an diesem herrlichen Sommermorgen auf dem Friedhof außer mir.

Ich suchte überall nach ihm. Er war geflohen wie ein Schatten – es schien, als sei er mit dem Stein verschmolzen.

Schließlich kehrte ich zu dem Grabmal zurück, bei dem er sich aufgehalten hatte. Unter einer Liste von verwitterten viktorianischen Namen stand dies:

IVOR SINCLAIR
Gestorben in Alter von elf Jahren
durch einen Unfall
5. August 1911

Schmetterlinge taumelten lautlos zwischen den Gräbern. Von den Felsen unten erklang das atlantische Flüstern, wieder und wieder. Das reifende Kornfeld am Hang darüber sandte sein mannigfaltiges Gewisper zwischen die Steine des Gottesackers.

Es war früher Nachmittag, als ich wieder bei unserer Mole war. Der alte Fred war nirgends zu sehen. Ich brauchte nicht lange auf eine Erklärung zu warten. »Betrunken!« sagte Betsy. »Er ist ins Wirtshaus gegangen, als es aufmachte, und bis zum Mittagessen hat er seine ganze Rente verbraucht – bis auf den letzten Penny! Zwei Fischer haben den alten Ganoven heimgekarrt. *Ich will ihn nicht haben*, sagte ich zu ihnen. *Schmeißt ihn dort aufs Bett. Er wird zu sich kommen, wenn er soweit ist. Dieser alte Idiot! – Ich hoffe, es zerreißt ihm fast den Schädel . . .*«

So aufgebracht hatte ich Betsy noch nie gesehen. Aber aufgebracht oder nicht, sie lief schnell nach drinnen, um mir Butterkekse und Ingwerlimonade zu holen.

»Am 5. August betrinkt er sich regelmäßig«, sagte sie. »Das heißt, am 5. August betrinkt er sich zehnmal mehr als gewöhnlich. Es ist etwas passiert – oh, vor langer Zeit –, als er ungefähr so alt war wie du jetzt. Ich nehme nicht an, daß du die Geschichte hören willst – warum auch? Na ja, ich erzähl' sie dir trotzdem. Fred hatte einen Zwillingsbruder, und nach allem, was ich gehört habe, standen sie sich sehr nah. Sie unternahmen alles gemeinsam. Sie waren unzertrennlich. Sie fischten zusammen und ließen zusammen Drachen fliegen. An Halloween, am Abend vor Allerheiligen, entzündeten sie Feuer und stellten alle möglichen Streiche an . . . Nun, es war in den Sommerferien. Eines Morgens entschlossen sie sich, zu den Klippen zu gehen. Damals, vor siebzig Jahren, war es nichts Besonderes für die Männer und die Jungen, zu den Klippen zu gehen. Jetzt ist das große Wissen verlorengegangen. Fred und sein Bruder waren schon hunderte Male dort gewesen. Keiner machte sich Sorgen um sie . . . Tja, genau heute vor siebzig Jahren – am 5. August 1911 – kam Fred allein vom Black Crag zurück. Spät am Abend kam er zurück, genau in dieses Haus auf dieser Mole, grau wie ein Geist, und unfähig, etwas zu sagen. Schließlich gelang es ihm zu berichten, ein großer, weißer Vogel sei auf seinen Bruder zugeflogen und habe ihn von einem Felsvorsprung gestoßen.

Am nächsten Tag fanden sie Ivors Körper ganz zerschmettert am Fuß der Klippe.«

Eine Woche später verließen meine Mutter, meine Schwestern und ich die Orkney-Inseln.

Die Meeresausfahrt, die von den Inseln hinaus ins freie Wasser führt, wird rechts und links von zwei riesigen Klippen bewacht – Kame of Hoy heißt die eine, die andere Black Crag.

Ich saß mit Maria an Deck der *St. Ola*. Von meinen drei Schwestern war sie es, die ich in den letzten Tagen am besten kennengelernt hatte. Wir waren in dicke Mäntel, Mützen und Schals gepackt, denn zu guter Letzt war die gol-

dene Idylle zu Ende gegangen; der Wind heulte im Tau-
werk, und Gischt wurde von den Wellenkämmen geweht.

Ich erzählte Maria die Geschichte des Jungen Ivor, der
vor so langer Zeit den Klippentod erlitten hatte – ohne natürlich meine eigenen Erfahrungen mit jener übernatürli-
chen Erscheinung und Traumkreatur zu erwähnen. »Das
Leben ist so grausam«, erklärte ich. »Es ist ungerecht. Ich
werde es nie verstehen . . .«

Maria zitierte ein Gedicht (Shelley natürlich):

Er wurde eins mit der Natur; er singt mit ihr
Wie rollender Donner, ein rufendes Tier:
Er ist in ihr. Ich weiß es und fühl' dieses Sein
In Licht und Nacht, in Blume und Stein.
Er zieht dahin, wo jener Geist gezogen,
Der fort sein Leben und zu sich gehoben,
Der unermüdlich liebevoll die Welt
Entflammt von oben, sie lenkt und hält.

Das Schiff fuhr ins offene, kältere Wasser hinaus. Ein
Gischtfetzen peitschte mir ins Gesicht; er hinterließ einen
wunderbaren Geschmack nach Salz.

JAN NEEDLE
Teufelsgelächter

Es herrschte Typhus-Panik, als die Familie Boyd zu ihrem griechischen Inselurlaub flog. In England waren alle nervös, ließen sich impfen und führten sich närrisch auf wie gewöhnlich. Die Boyds, die viel reisten – und manchmal in ziemlich haarige Gegenden – lachten. Von all den Griechen und dazu einigen Millionen Touristen hatten sich nur drei Typhus geholt – wozu also die ganze Aufregung? Die Chance, im Zoo von einem Elefanten zertrampelt zu werden, war größer.

Aber Danny Boyds Großmutter machte sich Sorgen. »Er ist erst sieben«, protestierte sie. »Und er ist so ein wunderschöner kleiner Junge. Wenn ihm etwas passierte, würdet ihr es euch nie verzeihen.«

Danny wurde rot, denn sogar in seinem Alter mochte er es nicht, wenn man ihn als »wunderschön« bezeichnete.

Daß ihn seine beiden Schwestern auslachten und auf ihn deuteten, war auch keine Hilfe.

»Wunderschön, wunderschön!« kreischte Sarah, die dreizehn war und gemein. »Mach dir keine Sorgen, Grandma, kein Typhuserreger, der was auf sich hält, würde diesem dreckigen Bürschchen nahe kommen!«

Grandma, die recht alt war und ziemlich vornehm, machte ein – wie sie es nennen würde – gepeinigtes Gesicht. »Zu schön, um zu leben«, murmelte sie.

Aber die Familie lachte sie aus, wenn auch auf freundliche Weise. Sie machten sich keine Sorgen.

»Danny wird nichts passieren«, sagte Dad und wuschelte ihm durch das blonde, lockige Haar. »Was meinst du, Dan? Um den hier umzubringen, braucht es mehr als schmutziges Wasser.«

»Er hat Angst vor Geistern«, sagte Vicky. Sie war netter als Sarah, fand Danny. Sie war elf und liebte rauhe Spiele. »Aber vermutlich gibt es dort keine. Zu heiß.«

Das führte zu einer Diskussion, denn Sarah und Dad waren nicht der Meinung, daß es in heißen Klimazonen keine Geister geben könne. Mum, Danny, Grandma und Vicky waren jedoch fest davon überzeugt. Für Geister brauchte man alte, zerfallene Häuser, heulende Winde und kalte, tropfende Keller. Der Gedanke an einen Sonnenscheinspuk war verrückt. Keiner heulte schaurig in Mittelmeernächten. Über eine bestimmte Temperatur hinaus waren Geister unmöglich, wie Vicky beharrlich behauptete.

»Also hast du nichts zu befürchten, Danny«, sagte Sarah. »Eigentlich ein Jammer. Wenn dich einer weghexen würde, könnte er der Welt einen Dienst erweisen!«

»Sarah!« sagte Grandma. »Wenn du über *alles* deine Witze machst, wird etwas Schlimmes passieren. Das kann gar nicht ausbleiben.«

Ohne jeglichen vernünftigen Grund stieg in Danny eine leise Angst auf.

Als ihr Flugzeug auf dem Flughafen der Insel Zakynthos landete, waren all diese Dinge vergessen. Sie kamen am Nachmittag an, und Nikos, ein Freund der Eltern, erwartete sie. Er schmückte sein Auto über und über mit ihrem Gepäck, plauderte mit Dad, küßte Mum, umarmte die Kinder und donnerte in einem Fahrstil, der die Mädchen und Danny nach Luft schnappen ließ, von den Erwachsenen jedoch als normal akzeptiert zu werden schien, die Küstenstraße entlang nach Akrotiri. Die letzten zwei Kilometer führten über holprige Landsträßchen aus getrocknetem Schlamm, durch ein riesiges Gebiet mit schiefen, verkrüppelten Bäumen, die, wie Mum sagte, Oliven trugen. Selbst über dem Lärm, den der Motor und Nikos machten, nahmen sie ein unheimliches Geräusch wahr – ein rauhes, hohes Zirpen. Als sie bei einem kleinen, weißen Haus anhielten und den Motor abstellten, überwältigte es sie fast.

»Was ist das bloß?« fragte Danny. »Es klingt wie hundert Babys, die *tschu-tschu* machen! Tausend Babys! Alle Babys der ganzen Welt!«

»Das sind Zikaden«, sagte Nikos. »Hier in den Olivenbäumen gibt es Millionen. Man gewöhnt sich daran.«

Eine ganze Weile lauschten sie alle verwundert. Laut, aufdringlich und gleichmäßig war das Geräusch. Es klang tatsächlich irgendwie so, wie es Danny beschrieben hatte, aber nur irgendwie. Es war unbeschreiblich.

»Hören sie nie auf?« fragte Danny.

»Nachts«, entgegnete Nikos. »Sie mögen die Sonne. Vom Abend an bis die Sonne morgens ein gutes Stück hoch am Himmel steht, sind sie still. Schaut mal, ich zeig' euch eine.«

Danny, Vicky und Sarah folgten ihm zu einem Baum.

»Schaut mal!« sagte Nikos. »Wer kann als erster eine finden?«

Sie starrten und starrten, konnten aber nichts sehen. Und doch war das Geräusch so laut, daß es ihnen in den Ohren dröhnte.

»Nein«, sagte Vicky. »Sind Sie sicher, daß es in diesem Baum welche gibt?«

Nikos deutete mit einem braunen, gedrungenen Finger auf die rauhe Rinde. Als er fast den Baum berührte, schrie Danny auf.

»Ich kann sie sehen! Sie ist *schrecklich*!«

Sie war wie ein Mittelding aus einer riesigen Wespe und einer sehr fetten Fliege, und sie war wunderbar getarnt. Während sie starrten, begann sie ihr Geräusch zu machen, offensichtlich ohne den Mund zu bewegen oder zu öffnen. Sie starrte sie mit braunen, hellen Augen glasig an, so als ließen die Menschen sie kalt.

Für einen Augenblick oder zwei war das Geräusch unregelmäßig, bis sich das Tier in den Rhythmus der übrigen Zikaden im Baum eingefunden hatte. Und das war auch der Rhythmus aller anderen. Das Geräusch steigerte sich zu einem Crescendo. Tausende, Millionen Zikaden erzeugten den gleichen rauhen, rhythmischen Doppelton.

»Es ist wie Gelächter«, sagte Danny. Er sah angeekelt aus, ängstlich. »Es ist wie ein schreckliches, scheußliches Gelächter.«

Sarah zog eine Grimasse.

»Teufelsgelächter«, sagte sie. Sie machte eine Klaue aus ihrer Hand und krallte nach Dannys Augen. »Es sind die Seelen von Leuten, die schon lange tot sind. Sie werden dir nachts in die Haare klettern und durch die Ohren das Hirn aussaugen.«

Zur Bestürzung von Nikos brach Danny in Tränen aus und rannte ins Haus.

»Sie sind vollkommen harmlos«, erklärte er den Mädchen, als wolle er sich entschuldigen. »Sie hocken nur den ganzen Tag in den Bäumen und machen dieses Geräusch, warum, weiß ich nicht. Sie scheinen keinen Zweck damit zu verfolgen.«

Bevor der Grieche sie allein ließ, trank er ein Glas Wein mit den Erwachsenen und unterhielt sich mit ihnen. Mum und Dad waren schon früher auf Zakynthos gewesen, geschäftlich und zum Vergnügen, und sie kannten einige der Ortsansässigen. Die Kinder hörten sich einen Teil des Gesprächs an, aber nicht ernsthaft. Es klang alles ziemlich alltäglich.

»Ach ja«, sagte Nikos, als er hinaus in die Sonne ging. »Dino. Dem geht es nicht gut.«

»Dino?« sagte Mum.

»Du weißt doch«, sagte Dad. »Der Schäfer. Was ist los mit ihm?«

»Sein Sohn«, entgegnete Nikos. »Cristos. Er ist tot. Er starb vor drei Monaten.«

»O nein«, sagte Mum. »Er war doch erst . . .«

»Sieben Jahre alt«, sagte Nikos ernst. »Genauso alt wie euer Daniel, fällt mir ein. Er kam sogar im selben Monat zur Welt, glaube ich.«

»Ja«, sagte Dad. »Im Februar. Woran ist der kleine Kerl gestorben?«

»Er . . . ich weiß nicht«, sagte Nikos. »Er schien irgendwie immer weniger zu werden. Er welkte dahin. Wie eine . . . wie eine Blume. Dann starb er.«

Die Kinder musterten die Gesichter der Eltern. Die Atmosphäre in der fliegensurrenden Wärme der kleinen, weißgetünchten Küche war eigentümlich kalt. Viele Sekunden lang sagte keiner etwas. Das mahlende Raspeln der Zikaden füllte die Luft.

»Armer Cristos«, sagte Mum. »Armer Dino.«

»Es hat ihn furchtbar getroffen«, sagte Nikos. »Ich muß euch warnen. Er hat sich verändert. Seid vorsichtig.«

Wieder lag etwas Kaltes in der Luft.

»Vorsichtig?« sagte Mum. »Was genau willst du damit sagen?«

»Genau weiß ich es nicht«, sagte Nikos. »Tut mir leid. Ich verderbe euch den Tag. Aber . . . seid vorsichtig.«

»Dino ist doch so ein . . .« begann Mum.

»Liebenswürdiger, phantastischer Mann«, sagte Dad.

»Einen Sohn zu verlieren, in diesem Land«, sagte Nikos. Er warf den Mädchen ein halbes Lächeln zu. »Eine Tochter, für einen Mann wie Dino, wäre nicht so . . . nicht so . . .«

»Armer Dino«, sagte Mum. »Dank dir, Nikos. Dank dir, daß du es uns gesagt hast.«

Bis der Schäfer eines Morgens vier Tage später auftauchte, waren Danny, Sarah und Vicky soweit, daß sie das kleine Haus, die Landschaft und die Orte, die sie gesehen hatten, über alles liebten.

Das Haus war vollkommen anders als alles, was sie von zu Hause kannten. Es lag ebenerdig, war sehr klein, mit zwei winzigen Schlafzimmern und einer noch winzigeren Kammer, in der Danny schlief. Es gab weder Wasser noch Elektrizität, ebensowenig irgendwelche sanitären Einrichtungen. Zuerst brachte das die Kinder aus der Fassung, und sie waren ziemlich entgeistert. Aber ihre Eltern lachten sie aus und erklärten ihnen, sie würden sich aufführen wie Touristen. Wenn sie ein fremdes Land richtig sehen, wenn sie erleben wollten, wie vollkommen *anders* es war, war es doch unsinnig, in einem Hotel zu wohnen, das ebensogut in England stehen konnte, oder? Das fanden die Kinder logisch, also nahmen sie die Rolle Klopapier und den Spaten mit in den Olivenhain, wenn es nötig war – und schließlich machte es ihnen sogar Spaß.

Sie wurden schon bald Experten im Auffinden von Zikaden, und wenn der Lärm in der Hitze des Nachmittags zu aufdringlich wurde, machten sie bei den Bäumen, die dem Haus am nächsten standen, die Runde und berührten die trägen fetten Tiere mit der Spitze eines Stocks, bis sie – im wahrsten Sinn des Wortes – zu einem weiter entfernten Ast davonzischten. Auf diese Weise konnten sie den Geräuschpegel beträchtlich senken, und das »Teufelsgelächter« war weniger furchterregend, auch wenn es noch genauso schaurig klang.

Sie stöberten am Brunnen Skorpione auf und veranstalteten jeden Tag Wettbewerbe, wer die größte Eidechse überraschte, die sich auf einem Felsen sonnte.

Am liebsten mochten sie die Strände. Ihre Eltern mieteten sich einen Citroën Pony, eine Art Mini-Jeep ohne Verdeck und mit ratterndem Motor, und damit sausten sie kreuz und quer durch die Gegend. Für britische Verhältnisse waren die Strände, zu denen sie gingen, leer, und an jedem gab es eine *taverna,* wo sie Bier und literweise Limonade tranken und *kebab* und Eiskrem aßen. Das Wasser war klar und warm, und die Sonne schien bis lange über Dannys Schlafenszeit hinaus. Trotz der Hitze und der Stechmücken – die man mit seltsamen, grünen Spiralen, die rauchten und die ganze Nacht neben ihren Betten schwelten, in Schach hielt – schliefen die Kinder wie die Steine.

Es war ein Sonntagmorgen, an dem sie Dino kennenlernten, und er kam am Haus vorbei, als sie noch im Bett lagen. Zuerst hörten sie ihn am dumpfen Geklirr von Schafsglokken und einer eigentümlich, klagenden Musik. Die romantische Vicky dachte, es müßten Panflöten sein, über die sie in *Der Wind in den Weiden* gelesen hatte. Als das Geräusch näher kam, entpuppte es sich jedoch als ein sehr billiges, altes Transistorradio, aus dem sonntägliche Musik erklang. Sarah lachte natürlich.

Danny schmorte noch in der Falle, deshalb gingen die Eltern und die Mädchen nach draußen, um den Schäfer zu begrüßen. Zuerst sahen sie nur Schafe: große, dürre, langgliedrige Tiere, die ganz anders aussahen als alles, was sie aus England kannten. Tatsächlich wirkten sie eher wie Ziegen, die energisch am ausgetrockneten Gras rupften, das sie unter den Bäumen fanden. Als sich Dino von dem knorrigen, alten Olivenstamm löste, an dem er lehnte, fuhren Sarah und Vicky zusammen. Er war wie ein Teil davon gewesen.

Langsam, mit ausruckslosem Gesicht, näherte sich der Schäfer. Es war ein hochgewachsener, hagerer Mann mit braungebrannter Haut und Haaren, die in Strähnen unter einem komischen Lederhut hervorwehten. Er trug eine blaue Hose, Sandalen und ein fleckiges, braunes, offenes Hemd. Seine breite Brust war mit weißen Kräuselhaaren bedeckt. Während er näher kam, verstrahlte er von irgendwoher eine Aura leiser, schwermütiger Musik – wohl aus einer Tasche, in der das winzige Radio versteckt war.

»Dino«, sagte Dad ruhig, dann redete er eine Weile Griechisch. Der Schäfer lächelte nicht, obwohl er sie direkt anschaute. Seine Augen waren sehr braun, und die Mädchen fanden sie fast unerträglich traurig.

Nun sprach Mum den Schäfer an, dann sagte Dad noch einmal etwas. Vicky und Sarah warfen sich einen Blick zu. Würde die Situation peinlich werden? Warum antwortete dieser riesige, traurige Mann nicht? Würde er sie lediglich anstarren, bis es ihnen weh tat, und dann seiner Wege gehen? Dad und Mum verstummten. Dad trat unbehaglich von einem Bein aufs andere. Die Zikaden lieferten ein Crescendo. Der rauhe Doppelton begann gegen ihre Ohren zu trommeln, jeder der Millionen genau im Takt. Es klang unangenehm spöttisch, seltsam absichtlich.

Dann erschien Danny in der Tür, drängte sich verschlafen zwischen seinen Schwestern hindurch auf die Stufen und blinzelte blind im kraftvollen Sonnenlicht. Danny, klein und wunderschön, mit einer Masse goldener Locken, bekleidet mit einer Sandale und schmutzigweißen Shorts, sonst nichts. Wie durch Zauberei schwiegen die Zikaden. Der Lärm verebbte fast vollkommen. In dem leisen Zirpen, das übrigblieb, sprach der Schäfer.

»Junge«, sagte er. Seine Stimme klang erstickt, voller Gefühl. Alle sahen erschreckt zu ihm hin, nur der halb schlafende und immer noch blinzelnde Danny nicht. »Oh, Junge. Junge. Junge.«

Sein Gesicht war furchterregend, zerrissen von Schmerz. Sein Mund stand halb offen, seine Augen waren feucht und flehend. In den Bäumen hinter ihm fanden die Zikaden einen anderen Rhythmus. Das Geräusch steigerte sich zu einem neuen, heftigen, hämmernden Gelächter.

»Dino«, sagte Mum unsicher. »Das ist unser Sohn. Unser Daniel.« Sie schob ihn weiter vor in die Sonne. »Danny. Sag guten Tag. Das ist Dino. Er ist der Schäfer.«

Dann verließ Dino sie; kaum daß noch ein Wort gesagt wurde. Aber an diesem Abend kam er mit einer großen Flasche seines eigenen sauren Weißweins und einem Bündel mit Käse und Oliven wieder. Sie saßen alle draußen auf der Treppe, und Dino redete. Er war wie verwandelt.

Sein Englisch war nicht perfekt, aber er sprach es mit geläufigem Humor, der voller Charme war. Er wußte, wie er einen Satz verdrehen mußte, um die Engländer zum Lachen zu bringen, er konnte schnell und flüssig reden, wenn er mußte, und er brachte die lustigen Stellen in seinen Geschichten mit einer witzigen Pointe zu Ende. Er hatte auch ein meisterhaftes Geschick darin, zu wissen, was die Kinder gerne hörten. Wenn Sarah und Vicky begeistert waren, so war Danny verzaubert.

Der Schäfer erzählte lustige Geschichten von den Leuten auf der Insel und bizarre Geschichten vom Krieg – so zum Beispiel, daß sechzig Männer und Frauen vom Kliff in Kampi gestoßen worden waren, weil sie mit den Deutschen kollaboriert hatten. Er erzählte ihnen Geschichten vom Fischen in gewaltigen Stürmen, von der Heimsuchung durch gefürchtete Krankheiten, vom exzentrischen Verhalten der Touristen, seit die Jets sie einflogen. Er war entspannt und freundlich und vergnügt; seine Augen waren nicht mehr traurig, nicht mehr gequält. Als er aufstand, um zu gehen, war es stockfinster, und die Zikaden waren schon lange verstummt. Jetzt war das Seufzen des Windes in den Olivenbäumen zu hören und das gelegentliche Knistern, mit dem die Kerze, die sie entzündet hatten, niederbrannte.

Dino schüttelte Mum und Dad die Hand und verbeugte sich würdevoll vor den beiden Mädchen.

Dann berührte er Danny leicht an der Wange.

»Vielleicht hättest du Lust, morgen mit mir zu kommen? Mir beim Schafehüten zu helfen?«

Mum stieß ein kleines Lachen aus.

»Oh, ich glaube nicht, Dino«, sagte sie. »Wir haben vor, morgen zum Strand in der Nähe von Volimes zu fahren. Keine zehn Pferde könnten Danny davon abhalten.«

Danny überraschte sie alle.

»Ich will nicht zum Schwimmen, Mum«, sagte er. »Ich will mit Dino gehen.«

Dino bückte sich und küßte ihn rasch zwischen die Locken auf seinem Kopf.

»Gut«, sagte er. »Ich rufe um sechs Uhr nach dir.«

»Um sechs?« sagte Sarah. »Aber die kleine Schlafmütze wird nicht . . .«

»Ich werde auf sein«, sagte Danny. »Laß mich in Ruhe, Sarah.«

Als Dino fort war, versuchten ihn die Mädchen deswegen aufzuziehen, aber es funktionierte nicht. Irgendwie war ihnen unbehaglich zumute. Allen.

Nur Danny nicht.

Als sie am nächsten Morgen aufstanden, war er weg. Die Morgenröte stand noch am Himmel.

An diesem Abend brachte Dino Danny um acht Uhr heim. Er trug ihn, und Danny schlief. Der große Schäfer legte ihn auf den Deckenstapel, der sein Bett war, während die übrigen Familienmitglieder zusahen, als wären sie Fremde. Mum konnte sich nicht beherrschen, sie schüttelte Danny sanft am Kopf und weckte ihn auf.

»Hast du dich gut amüsiert, Schatz?« fragte sie sonderbar besorgt.

Dannys Blick war verschleiert, aber sein Lächeln war strahlend.

»Ja«, sagte er. »Ich will morgen wieder mit.«

Er schlief augenblicklich wieder ein, und Dino setzte sich an den rauhen Holztisch, um zu plaudern. Mum schien übertrieben neugierig, zu erfahren, was sie den ganzen Tag getrieben hatten. Der Grieche lächelte bedächtig.

»Wir sind den Schafen gefolgt«, sagte er. »Wir haben geredet. Es war wie früher.«

Bis lang in die Nacht hinein hörten Sarah und Vicky ihre Eltern im Zimmer nebenan reden. Leise, aber besorgt. Die Mädchen konnten nicht verstehen, weswegen sie beunruhigt waren.

»Wenn der blöde kleine Trottel den ganzen Tag auf einem Felsen sitzen und sich Geschichten anhören will, dann ist das seine Sache«, sagte Sarah. »Dann haben *wir* ihn wenigstens nicht am Hals.«

»Ich frage mich, was Dino meinte«, sinnierte Vicky. »Es war wie früher?«

»Ach, halt die Klappe, Vicky«, sagte Sarah. »Du bist genauso schlimm wie Mum und Dad. An der Sache ist nichts Geheimnisvolles. Die beiden mögen sich einfach, das ist alles. Der alte Dino mag unseren kleinen Bruder. *Keine Ahnung*, warum!«

»Sein Sohn war sieben«, sagte Vicky. »Der, der gestorben ist. Ich frage mich, ob es das ist, was er gemeint hat.«

»Du könntest ihn ja jederzeit fragen, neugieriges Huhn«, entgegnete ihre Schwester. »Jetzt sei still, ja? Ich schlafe.«

Obwohl Danny am nächsten Tag früh erwachte, fand er zu seiner Überraschung schon seine Mutter in der Küche vor. Sie sagte ihm, er ginge heute nicht mit Dino weg, sie hätte sich mit seinem Vater darüber unterhalten, und sie hätten sich entschlossen, alle gemeinsam einen Ausflug an den Strand zu machen. Danny grinste und zuckte die Achseln.

»Na gut«, sagte er. »Super.«

Mum kam sich vor wie eine komplette Idiotin. Sie hatte Tränen erwartet, einen Wutanfall oder einen Kampf. Wieso? Sie wurde rot.

»Du kannst natürlich ein andermal mit Dino gehen«, sagte sie. »Einverstanden?«

»Ja«, sagte Danny. »Komm, wir werfen die Mädchen aus den Betten. Dann sind wir früher in Tsilivi als *alle anderen!* Du weckst Dad auf!«

Die Veränderung war fast unmerklich, aber vollständig. Innerhalb von sechs Tagen waren die Mädchen durcheinander, Dad sah angespannt aus, und Mum war am Verzweifeln. Irgend etwas stimmte nicht, irgend etwas Schreckliches passierte. Aber was? Und warum? Und inwiefern? Es gab nichts, was man hätte greifen können, nichts, was man hätte sehen können. Aber etwas Furchtbares geschah. Etwas Entsetzliches war im Gang.

Man konnte es am Ende des Tages in Tsilivi sehen, obwohl es einem nicht direkt ins Auge sprang. Am Vormittag war Danny am Strand so ausgelassen wie immer gewesen. Er hatte mit den griechischen Kindern Ball gespielt, war stundenlang auf der Luftmatratze durch die Brandung geschwommen, er hatte die Felsentümpel auf der Landspitze erkundet, hatte Eis gegessen und Cola getrunken. Aber im Lauf des Nachmittags wurde er teilnahmslos, gelangweilt. Dad, der am Ufer entlangschwamm, war auf ihn gestoßen, wie er auf der Luftmatratze dahintrieb, ohne auch nur einen einzigen Finger zu rühren, auf dem Rücken liegend und mit offenen Augen in den Himmel starrend. Und er hatte ihn dreimal angesprochen – und zwar aus allernächster Nähe –, bevor Danny Antwort gab.

An diesem Abend tauchte Dino auf, plauderte und bezauberte sie wie zuvor. Er brachte Wein und frischen Käse aus der Gegend, dazu kleine Geschenke für die Mädchen und Danny wunderschöne Holzfigürchen, die er selbst geschnitzt hatte. Am Ende des Abends fragte er, ob Danny am nächsten Tag mit ihm gehen könne, um die Schafe zu hüten, und Danny schäumte über vor Aufregung.

Was konnten seine Eltern sagen? Dino war herzlich, er lächelte und war freundlich, und sie hatten ihm einen großartigen Abend zu verdanken. Sie sagten, ja, natürlich. Aber behalt ihn diesmal nicht so lange draußen, Dino, bitte. Es ist ihm nicht bekommen.

»Nein«, sagte Dino. »Um sechs ist er zu Hause. Rechtzeitig für den englischen Tee!«

Alle lachten. Aber im Bett war sogar Sarah unruhig. Als Vicky das Thema anschnitt, riß sie ihr fast den Kopf ab ...

Als Danny am nächsten Abend zurückkam, war er zu schläfrig, viel zu schläfrig für »den englischen Tee«. Dino brachte ihn wie beim letzten Mal zu Bett. Diesmal küßte er ihn auf die Wange und sprach leise auf griechisch mit ihm. Danny lächelte und antwortete, ebenfalls auf griechisch.

Als aber Sarah einen spitzen Schrei ausstieß und zu diesem Phänomen einen Kommentar abgab, lächelte Dino nicht, sondern warf ihr einen ziemlich kalten Blick zu. Er blieb nur noch wenige Minuten, dann ging er. Er fragte nicht, ob ihn Danny am nächsten Tag begleiten dürfe.

Drei Tage später ereignete sich die erste wirklich beängstigende Sache. Fast wäre Danny ertrunken. Und wenn es nicht so lächerlich geklungen hätte, hätten sich die anderen wohl gesagt, daß es auf eine gräßliche Weise unvermeidlich wirkte. Ja, sogar . . . gewollt.

Es passierte am Felsenstrand in der Nähe von Volimes. Dort waren sie hingegangen, weil es bis dahin ihr Lieblingsstrand gewesen war. Vor allem der von Danny. Sie hatten Schnorchel und Schwimmflossen, und die Stelle war so abgelegen, daß sie alle immer nackt schwammen. Es gab ein winziges Café dort, ein baufälliges Haus zwischen den Felsen, das einer uralten Frau gehörte; sie servierte nur Eier, die sie in Olivenöl schwimmend briet, und warmes Bier in schmutzigen Gläsern. Die Straße, die hinunterführte, war lächerlich – ein staubiger, furchiger Weg, so steil, daß Mum auf dem Rückweg auf der Kühlerhaube sitzen mußte, damit bei dem mit Vorderradantrieb ausgestatteten Auto die Reifen griffen. Außer ihnen ging niemand dorthin. Sie hatten nie eine Menschenseele getroffen.

Diesmal fuhren sie deshalb hin, weil es Dannys Lieblingsplatz war, wo er einmal sogar einen kleinen Tintenfisch in den Felsen hatte lauern sehen. Sie hofften verzweifelt, es könnte ihn interessieren, es könnte ihn den Abend zuvor vergessen lassen. Könnte ihn dazu bringen, sich wieder zu benehmen wie einer von ihnen, wie der glückliche, normale kleine Junge, den sie kannten und – das gab jetzt sogar Sarah zu – liebten.

Am Abend zuvor hatte es einen Streit gegeben, bei dem

sich Danny auf eine Weise aufgeführt hatte, die sie schockiert und ihnen Angst gemacht hatte. Angefangen hatte es – wie konnte es auch anders sein – mit Dino. Er hatte den Abend mit der Familie verbracht, und er war katastrophal verlaufen. Mum konnte inzwischen kaum mit ihm reden, ohne zu zittern, und Dad schien immer kurz davor, wütend zu werden. Die Mädchen hörten sich höflich und ratlos immer noch Dinos Geschichten an, aber ihnen war höchst unbehaglich zumute. Dino sprach nicht mehr zu ihnen. Genausowenig wie zu ihren Eltern. Er sprach zu Danny. Die beiden waren in einer eigenen Welt, mitten zwischen den anderen waren sie allein, sie waren ein Paar, das die übrigen bewußt aussperrte.

Als Dino weg war und Danny im Bett lag, verkündete er, er ginge morgen wieder in die Hügel.

»Wer sagt das?« schnauzte Dad. »Ich kann mich nicht erinnern, daß das abgemacht wurde.«

»Ich habe es abgemacht«, sagte Danny. »Mit Dino. Mit meinem *patera*.«

Das schien ein Schlüsselwort zu sein, obwohl es die Mädchen nicht verstanden. Dads gebräuntes Gesicht wurde schlagartig blaß, und Mum schrie auf. Innerhalb von Sekunden wurde gebrüllt. Danny war aus dem Bett und kratzte und biß seine Eltern, und Vicky brach in Tränen aus. Es war schrecklich und beunruhigend, und das Ergebnis war, daß Danny bei seinen Eltern schlafen mußte, weil er sich weigerte, das Versprechen abzugeben, nicht vor der Morgendämmerung aus dem Haus zu schleichen. Bevor sie in einen unglücklichen und erschöpften Schlaf versanken, ließ Sarah Vicky das Wort in ihrem griechischen Wörterbuch nachsehen. Es bedeutete Vater.

Danny wäre jedenfalls um ein Haar ertrunken, und zwar nachdem er ganz allein auf der Luftmatratze zwischen die

Felsen gepaddelt war. Er sah blaß und krank aus an diesem Morgen, aber – wie der Rest der Familie – zog er es vor, den gestrigen Abend zu übergehen, so zu tun, als sei nichts vorgefallen. Als er gefragt wurde, wo er hinwolle auf seiner Luftmatratze, antwortete er:»Wieder nach diesem Tintenfisch suchen.« Sein Vater lächelte gezwungen und sagte: »Gut. Aber gib acht, daß er dich nicht zum Frühstück verspeist!«

Und eine Viertelstunde später standen Sarah und Vicky nur durch einen glücklichen Zufall auf dem hohen Felsen und sahen ihren Bruder unter Wasser – und im Begriff zu ertrinken.

Er trug weder Tauchermaske noch Schwimmflossen, war etwa zwei Meter unter der Oberfläche, lag auf dem Rücken und hatte Augen und Mund offen. Ein kleiner, nackter Junge mit blonden, im blauen Wasser strömenden Haaren, der langsam abwärts sank in die tiefen, dunklen Schatten zwischen den zerklüfteten Felsen. Durch die verzerrte Darstellung des Wassers sah es so aus, als schaue er zu seinen Schwestern auf dem Felsen hoch. Es sah so aus, als lächle er.

In Vickys und Sarahs Schreien lag mehr als Angst. Eine Art Grauen lag darin. Als sie anschließend zum Haus zurückkamen, waren die Zikaden fast stumm. Dann, ganz plötzlich hob ein heiseres, ohrenbetäubendes rhythmisches Lärmen an. Das Gelächter. Es klang genau wie Gelächter. Vicky weinte zehn Minuten hemmungslos, bevor es Dad gelang, sie zu beruhigen.

Es war Mum, eine hervorragende Schwimmerin, die Danny rettete und Mund-zu-Mund-Beatmung machte, und es war Mum – unerschütterlich wie ein Fels, sobald sie einen Entschluß gefaßt hatte –, die dafür sorgte, daß sie die Insel gleich am nächsten Tag verließen, daß sie die Ferien vorzeitig abbrachen, ehe der Schaden noch größer wurde, und daß ein Flug gebucht wurde, egal wohin und zum Teufel mit den Kosten. Sie sagte ihrem Mann erst Bescheid, nachdem sie es erledigt hatte, und den Kindern sagte sie es überhaupt nicht.

Als sie von dem felsigen Strand zurückgekehrt waren und Danny ins Bett gesteckt hatten, nahm sie den Jeep und fuhr in die Stadt. Die Mädchen konnten sich jedoch halbwegs denken, was sie tat, und sie waren froh, ja, begeistert.

Danny schlief den ganzen Tag, und in der Nacht bewachten sie ihn. Aber gegen drei Uhr morgens, als Dad ein Weilchen eingenickt sein mußte, gelang es ihm zu entwischen. Diesmal ließen sie sämtliche Masken fallen. Die Mädchen wurden geweckt, um mitzusuchen. Alle vier machten sich mit Taschenlampen auf den Weg zu der Kuppe über den Olivenhainen, wo Danny oft mit Dino saß. Sie suchten schweigend, entschlossen und bewegten sich rasch und grimmig durch das spärliche, trockene Gras. Vicky fand ihren Bruder, der sich nicht versteckte, sondern neben einem Felsen saß und zu den Sternen sah. Er weinte ganz leise, und er ließ es zu, daß man ihn an der Hand in sein Bett zurückführte. Er wehrte sich jedoch dagegen, von seinem Vater oder von sonst irgendwem getragen zu werden.

Aber ins Flugzeug am nächsten Tag mußte man ihn tragen. Zur Mittagessenszeit, als sie ihm erzählten, daß sie die Insel Zakynthos verlassen würden, brach er zusammen. Er wurde so weiß und atmete so flach, daß er wie tot aussah. Die Beamten am Flughafen waren besorgt, denn sie dachten er sei krank. Es herrsche immer noch Typhus-Panik, erklärten sie. Typhus-Panik? Die Boyds waren verwirrt. Das alles schien Lichtjahre entfernt. Sie lächelten unglücklich und gaben Erklärungen ab. Nein, keine Krankheit. Ihr kleiner Junge war . . . na ja, zumindest war er nicht krank.

Während sie durch das kleine, rechteckige Fenster des

Flugzeugs starrten, hatten Sarah und Vicky den Eindruck, als sähen sie Dino. Am Drahtzaun stand eine große, hagere Gestalt in Blau und Braun. Aber es war zu weit weg, als daß sie sicher sein konnten; viel zu weit weg. Der Mann hatte ein kleines Kind dabei, einen kleinen Jungen in Shorts und T-Shirt und mit glänzendem Haar. Also konnte es nicht Dino sein, oder? Als der Jet beschleunigte, legte sich eine Wolke von Hitzedunst aus den Motoren vor die beiden Gestalten.

Etwa zwei Monate später erhielt die Familie einen Brief von Zakynthos. Nikos hatte ihn geschrieben. Es war ein langer Brief, voller Neuigkeiten und voll Bedauern wegen ihrer so plötzlichen Abreise, die sie mit ein paar Zeilen halbwegs erklärt hatten. Er endete mit einer eigentümlichen Nachricht. Dino, der Schäfer, sei tot. Er hatte sich in einer einsamen, felsigen Bucht in der Nähe von Volimes ertränkt.

Mum, die den Brief laut vorlas, brach ab. Sie sah zu ihrem Mann, dann zu Sarah und Vicky. Eine Weile herrschte Stille. Dann fuhr Mum fort.

». . . das Merkwürdigste an der ganzen Sache ist, daß die alte Frau, die ihn ins Meer springen sah, behauptete, er habe ein Kind, einen kleinen Jungen, bei sich gehabt. Sie sagte, sie habe den Kleinen sogar im Wasser gesehen, wie er nach unten trieb und ertrank. Davon läßt sie sich nicht abbringen.«

Mums Stimme war immer leiser geworden, man hörte sie kaum mehr.

»Aber natürlich hat sie sich geirrt. Wie Ihr euch erinnert, hatte Dino seinen Sohn verloren. Und man hat keinen weiteren Körper gefunden, nur den von Dino. Aber merkwürdig ist es schon, findet Ihr nicht? Er sei abwärts geschwebt, sagte sie, mit Haaren, die hinter ihm herwehten wie Gras. Und lächelnd. Davon ließ sie sich nicht abbringen . . .«

Nach einer erdrückenden Stille sagte Mum: »Was meint ihr, sollen wir es Danny erzählen? Wenn wir ihn am Donnerstag besuchen?«

Sarah und Vicky sagten nichts. Dad seufzte.

»Ich weiß nicht«, sagte er. »Glaubt ihr, es wird helfen? Wenn er weiß, daß Dino und . . . wenn er weiß, daß Dino tot ist? Wird es helfen?«

Vickys Stimme durchbrach laut die Stille. Auf ihrem Gesicht breitete sich ein Lächeln aus, als fiele eine Last von ihr ab, die sie schon wochenlang mit sich herumtrug. Es war ein wunderbares, strahlendes Lächeln. Ihre Stimme bebte vor Erregung.

»Die Zikaden«, sagte sie. »In meinem Kopf. Sie sind weg. Ich kann sie nicht mehr hören. Mum! Dad! Ich kann sie nicht mehr hören!«

Selbst wenn ihre Eltern es nicht begriffen, so wußte doch Sarah, was sie meinte. Vicky hatte ihre Mutter und ihren Vater nicht mit ihren kleinen Problemen – dem unentwegten Gelächter in ihrem Kopf – belasten wollen. Sarah lächelte.

»Mach dir keine Sorgen, Mum«, sagte Sarah. »Vicky ist nicht verrückt geworden. Hört zu – können wir Dan nicht morgen besuchen, anstatt bis Donnerstag zu warten?«

Die Begeisterung der Mädchen war ansteckend. In allen Vieren wurde etwas wach, ein zu Kopf steigendes, verrücktes Gefühl. Hoffnung.

»Ja«, sagte Dad. »Warum nicht?«

»O Danny«, sagte Mum. »Mein armer, verlorener Junge.«

»Wir werden ihn finden, Mum«, sagte Vicky. »Morgen.«

Das Gelächter war verstummt.

Werner J. Egli
Tarantino

Reichtum, Freiheit, Glück – davon träumen Tarantino,
seine Schwester Marcela und sein Freund Jacinto.
Sie alle sind als »illegale Einwanderer« von Guatemala
nach Kalifornien gekommen.
Jacinto versucht im Drogen- und Waffenschmuggel
Geld zu machen; Marcela wird die Geliebte eines
Drogenbosses; Tarantino hat durch Leticia, in die er
sich verliebt, die erhoffte Chance auf ein neues Leben.
Doch dann wird Jacinto bei einem Racheakt getötet,
und Tarantino steht vor dem Scherbenhaufen seiner
Träume.
208 Seiten. Gebunden. Ab 13